一个超大规模文明型国家的历史足迹

中国韧性

中华文化学院 组织编写
李勇刚 著

新世界出版社
NEW WORLD PRESS

图书在版编目（CIP）数据

中国韧性：一个超大规模文明型国家的历史足迹 / 中华文化学院组织编写；李勇刚著 . -- 北京：新世界出版社，2021.8

（"今日中国"丛书）

ISBN 978-7-5104-7307-4

Ⅰ. ①中… Ⅱ. ①中… ②李… Ⅲ. ①社会主义精神文明建设—研究—中国 Ⅳ. ① D648

中国版本图书馆 CIP 数据核字 (2021) 第 112955 号

中国韧性：一个超大规模文明型国家的历史足迹

组织编写：	中华文化学院
作　　者：	李勇刚
责任编辑：	李莎莎
责任校对：	宣　慧
装帧设计：	贺玉婷
责任印制：	王宝根　苏爱玲
出　　版：	新世界出版社
网　　址：	http://www.nwp.com.cn
社　　址：	北京西城区百万庄大街 24 号（100037）
发 行 部：	(010)6899 5968（电话）　(010)6899 0635（电话）
总 编 室：	(010)6899 5424（电话）　(010)6832 6679（传真）
版 权 部：	+8610 6899 6306（电话）　nwpcd@sina.com（电邮）
印　　刷：	天津中印联印务有限公司
经　　销：	新华书店
开　　本：	787mm×1092mm　1/16　尺寸：170mm×240mm
字　　数：	232 千字　　印张：13
版　　次：	2021 年 8 月第 1 版　2021 年 8 月第 1 次印刷
书　　号：	ISBN 978-7-5104-7307-4
定　　价：	58.00 元

版权所有，侵权必究
凡购本社图书，如有缺页、倒页、脱页等印装错误，可随时退换。
客服电话：(010)6899 8638

"今日中国"丛书

编委会

主　任：杜占元　赵　凡
副主任：陆彩荣　袁　莎

编辑部

主　任：李春凯　王志功
副主任：解　琛　王小鸿　于铭松　左　鹏
成　员：李晨曦　徐　锋　孙照海　冯海波
　　　　王建均　张祎娜　李勇刚　翁贺凯

出版说明

习近平总书记强调,讲好中国故事,要阐释好中国特色。要讲清楚每个国家和民族的历史传统、文化积淀、基本国情不同,其发展道路必然有着自己的特色;讲清楚中华文化积淀着中华民族最深沉的精神追求,是中华民族生生不息、发展壮大的丰厚滋养;讲清楚中华优秀传统文化是中华民族的突出优势,是我们最深厚的文化软实力;讲清楚中国特色社会主义根植于中华文化沃土、反映中国人民意愿、适应中国和时代发展进步要求,有着深厚历史渊源和广泛现实基础。为了生动讲好中国故事,传播好中华文化,中央社会主义学院(中华文化学院)与中国外文局联合策划、陆续推出这套"今日中国"丛书。

"今日中国"丛书由中华文化学院组织编写,汇集了其近年教学科研改革的最新成果。从1997年成立之日起,中华文化学院始终把传播好中华文化、讲好中国故事,作为自己的初心和使命。2016年以来,中华文化学院立足"大文化"视角,创新共识教育方式，以文化认同促进政治共识，以文化认同增进各界人士对中国、中华民族、中国共产党和中国特色社会主义的认同，为实现中华民族伟大复兴的中国梦增添精神动力。

"今日中国"丛书正是在这样的创新和教学积累中逐渐形成的。丛书以传播中华文化为主要任务，内容既包括中华优秀传统文化，也包括马克思主义中国化的最新成果，是中华优秀传统文化、革命文化和社会主义先进文化的有机统一体，涵盖了宗教、信仰、价值观念、伦理道德、风俗习惯、文学艺术、科学技术、制度体系等。丛书力图讲清楚中华文化的核心要义、独特创造、价值理念和鲜明特色，阐明历史选择中国共产党、选择中国特色社会主义道路的必然性，阐明习近平新时代中国特色社会主义思想的精神实质和丰富内涵，同时又根据人群特点各有侧重。

中华文化源远流长、博大精深，"今日中国"丛书在内容上必定是沧海一粟。书中不完善的地方，敬请各界专家、各位读者指正。

目 录

导　论 / 1

第一章　中西文明：同心圆与拼图的差异 / 001

　　一、一个对比：分与合 / 002

　　二、西方：海洋与离心力 / 004

　　三、中华：农耕与向心力 / 006

　　四、同心圆 vs 拼图 / 010

第二章　从殷商到周代：上帝的退隐与"德"的凸显 / 013

　　一、殷商：一个强者的迅速灭亡 / 014

　　二、上帝：殷商天命的源泉 / 018

　　三、德性：周人的发现 / 022

　　四、民本：德治的本质 / 026

　　五、宗法制：维系政治共同体的稳定 / 029

　　六、封建制：大型国家的初步建构 / 034

　　七、天下体系与礼乐文明 / 039

　　八、一个对比：周代天下体系与希腊城邦政治 / 042

第三章　从周朝到秦汉：封建的失灵与郡县的确立 / 045

　　一、封建秩序的全面崩溃 / 047

　　二、百家争鸣的背景：集权与战争的升级 / 050

　　三、孔子（上）：拯救礼乐，教化士人 / 056

　　四、孔子（下）：仁爱的同心圆结构 / 061

　　五、墨子：平等之爱与组织建设 / 066

　　六、老子：权力的自我节制 / 071

　　七、法家：严苛的"绩效管理" / 076

　　八、秦朝：第一个统一的郡县制国家 / 081

　　九、"大一统"是一项系统工程 / 085

　　十、汉朝：董仲舒与儒家的"上位" / 090

　　十一、教化的展开与风俗的养成 / 094

　　十二、一个对比：秦汉与罗马的整合程度 / 097

第四章　唐宋之间的变化：豪族社会的终结与平民社会的兴起 / 101

　　一、豪族社会的兴起及其影响 / 103

　　二、魏晋南北朝：大分裂时代 / 107

三、隋唐：融合草原与农耕 / 109

　　四、豪族社会的"终结者"：科举制 / 115

　　五、"士大夫与君主共治天下" / 120

　　六、一个参照：来自"他者"的对科举制的观察 / 123

　　七、宋代理学与平民社会的再组织 / 125

　　八、早期现代世界体系下的明代心学 / 130

第五章　从元朝到清朝：迈向"大中国"时代 / 137

　　一、南北关系：农耕与游牧 / 139

　　二、游牧民族的巨大贡献 / 142

　　三、元朝："大中国"时代的全面开启 / 145

　　四、明朝："大中国"格局的维护和深化 / 152

　　五、清朝："大中国"格局的全面整合 / 156

　　六、一个对比：清朝与同期两个帝国的不同命运 / 164

结　语 / 167

主要参考文献 / 185

后　记 / 189

导 论

美国著名汉学家费正清（John King Fairbank，1907—1991），曾发出过这样一个感叹：

> 可以翻一下世界地图。全欧洲和南北美洲住着10多亿人。这10多亿人生活在大约50个主权独立的国家，而10多亿中国人生活在一个国家里。这个惊心动魄的事实，全世界中学生都是熟悉的，但是迄今为止几乎没有人对它的含义做过分析。[1]

确实，这是一个"惊心动魄"的事实，但很多人熟视无睹，仿佛"房间中的大象"。

超大型的人口规模，超广阔的疆域国土，此外还有超悠久的历史传统、超深厚的文化积淀，共同构成中国作为一个"文明型国家"的基本特征。[2]

相比其他古老文明，中华文明之"源"并非最远，但其"流"却绵延至今。大部分古老文明的内核和精髓，早已化作历史的遗存，和今天生活在那里的人们已经没有多少关联。而中华文明的精气神，

---

[1] [美]费正清：《伟大的中国革命》，刘尊棋译，世界知识出版社1999年版，第14页。
[2] 参见张维为：《中国：一个文明型国家的崛起》，《光明日报》2014年3月24日，第15版。

却成功穿过几千年的岁月，在广袤的东亚大陆上生生不息。

"文明"的内核，是一群人的"活法"背后那种相对稳定的"看法"和"想法"。"活法"是生活方式，"看法"是价值观念，"想法"是思维方式。"活法"会有很多表象上的复杂变化——世事变化无常，人群聚散离分。但奇怪的是，在几千年的历史上，中华大地上这群人就算一时散开，还总能靠着追求国家统一的强劲传统聚在一块儿，幸福安康地活着，把自己的"看法"和"想法"一代一代强韧地传递下去，由此保证"活法"的内核如如不动。

经过几千年的历史演进，中国如今形成了一个让人叹为观止的、超大规模文明型国家。这个共同体的维系，首先需要中央政府拥有足够的政治向心力。否则，就会带来地方割据、国家分裂，甚至社会动荡。政治向心力并不神秘，就看执政集团是否注重"德治"，是否以民为本。今天，在全心全意为人民服务、具备先锋队性质的中国共产党的坚强领导下，中国不仅有九百六十万平方千米的广袤国土，实现充分组织和整合的十四亿人民，还有几千年流而不断的文明传统。这个共同体不仅有横向的广度，更有纵向的深度。这些要素，是实现中华民族伟大复兴的"基本盘"。

经过几千年的复杂互动，中国人学会通过包容与融合，去处理差异性和多样性。中国追求国家统一，但并未主张同化、消灭差异，恰恰是要充分尊重包容差异。因为只有各种具有差异性的要素在时间的洪流或细流中交融和演变，才能造就更具环境适应性的新事物。所谓"和实生物，同则不继"，"生"才是目的，"和"是实现"生的方式。正是基于这个逻辑，中国各个民族在千百年交往交流交融中最终形成不可分割的"中华民族"，各个民族才能如习近平主席所说的"像石榴籽一样紧紧抱在一起"；各个外来宗教传入中国后，都能够被中华文明所包容和吸纳，最终成就更为宏阔的文明格局。

经过几千年的风霜雪雨，中国人在内心深处获得一个坚实的信仰——家国情怀。置身于千百年来保家卫国的历史传统中，每个中国人内心都会升腾起对于祖国与家园的几乎发自本能的热爱与眷恋。有了这种情怀，当国家分裂时，中国人将其视为非正常状态，纷纷抛头颅、洒热血，让国家重归统一；当国家危难时，中国人会视死如归，抗争不止，让国家走出危局；当国家统一时，中国人会辛勤工作，投身建设事业，让国家更加富强。

经过几千年的经验累积，中国人学会在广袤疆域内有效调配各种人财物资源。早在秦朝时，中国就建构起以首都为中心、覆盖全国的交通网络，打造出覆盖不同经济区域的物流格局，并通过统一度量衡消除各地之间互通有无的障碍。从隋唐时起，中国通过修筑大运河，把中原和江南更加紧密地联系在一起，避免南北经济的分立冲击国家的统一。今天，中国拥有全世界领先的立体交通网络，尤其是高铁和重载铁路，在现代工业技术的条件下对广袤疆域内的各种资源进行优化配置。

经过几千年的治理实践，中国的中央政府在各个地区间获得强有力的统筹协调能力。中国历来所推崇的，是"一方有难八方支援"的共同体精神，是"损有余以奉不足"的"天之道"，而非"强者愈强，弱者愈弱"的"马太效应"。在当代的国家财政体系中，有一部分来自东部发达地区的财政收入会被转移支付到中西部地区。有些西部县市的地方财政收入，甚至有90%以上来自中央政府的转移支付。规模巨大、常年持续的援疆、援藏，更体现了中央政府统筹内地优势资源，对西部地区的照顾。面对新冠疫情这一巨大挑战，中国中央政府沿用了汶川地震时抗震救灾所采用的"一省包一市"的模式，在极短的时间内，用强有力的整体协调快速克服了局部性的挑战，避免了疫情的整体性蔓延。

经过几千年的交往交流，中国学会以和谐共生的方式与周围的世界共处。中国古代几乎没有兴趣去征服周边地区，而是希望通过礼仪体系，为当时的已知世界建构一个普遍化的文明秩序，从而实现和平与稳定。为实现这个目标，古代中国强调"厚往而薄来"，照顾周边欠发达地区的经济利益，承担自己的国际责任。今天，地区发展不平衡，环境污染、气候变暖、新冠疫情等全球性挑战不断加剧，多数国家仍然各自为政，一些超级大国还在强调本国利益优先。在这种情况下，中国坚持推进"一带一路"倡议，欢迎世界各个国家搭乘中国发展的快车、便车，致力于构建人类命运共同体，为优化全球治理提供超越民族国家格局的、更普遍的公共产品。鲜明的对比背后，彰显了大国的责任与担当，也让人们看到了古老文明基因的时代光芒。

导 论

在世界文明史上，大多数古老的文明曾经辉煌灿烂于一时，但最终土崩瓦解、灰飞烟灭，究其原因，主要是因为无法有效应对来自内部和外部的各种挑战。中华文明也曾一次次面临崩溃的危险，但她总有一种力量让自己一次次起死回生、屹立不倒，并且日益浸润更广阔的地域，惠及更具多样性的人群，实现文明自身的"生长"与完善。这种几乎独一无二的"中国韧性"，最终锻造出一个超大规模的文明型国家，并为周围的世界带来和平与安宁。

让我们一起走进历史的深处，去探寻她一步一步的坚实足迹吧！

第一章　中西文明

同心圆与拼图的差异

近代以来，西方文明对中华文明产生越来越大的影响。中华文明要想认清自己，首先需要和西方文明做一番简要的比较。

一、一个对比：分与合

2500多年前——

西方有璀璨夺目的古希腊，中国有异彩纷呈的春秋战国。希腊的雅典学园，中国的百家争鸣，令多少人心驰神往！那些灿若群星的思想巨子，那些穿透历史的精辟见解，至今都是人类文明的宝贵财富。世易时移之后，差异是显而易见的：曾经强盛的古希腊最终走向裂变，文明的光辉在巴尔干半岛的南端一度黯淡，只好借他者的有限传承在千百年后才异地再生；而经历春秋战国的分裂，中国却在秦朝走向统一，后世尽管有不少改朝换代，但文明的光辉在这片东亚大陆上始终不曾熄灭。

2000多年前——

在亚欧大陆的西端，罗马帝国以三军扫六合之态势，建立横跨亚非欧的帝国，甚至把地中海都变成自己的内湖。在亚欧大陆的东端，秦汉帝国也不遑多让，不仅结束战国的长期分裂，而且还"凿空"西域，勾连中亚。著名的丝绸之路，正是因为这两个大帝国的存在，才获得其起点和终点。

1600多年前——

两大帝国的历史，出现某些转折。随着整个地球进入小冰期当中的相间隔冷期，走投无路的北方游牧民族不断南下，中国和罗马帝国几乎同时遭受来自北方的攻击。作为罗马帝国分裂后在欧洲的继承者，西罗马帝国被打散，欧洲遍地是一大堆北方民族南下后建立的小王国，相互之间攻伐不断，整个欧洲再难聚合。即便强悍如中世纪的查理曼大帝，威猛如近代的拿破仑，也只能带来局部地区的一时整合，很快就被区域性的反抗力量所瓦解。反观中国，也曾经历近四百年的大分裂，南下的少数民族也曾纷纷建国，但最终却在分裂之世实现民族大融合，为统一奠定基础。结束分裂的隋唐帝国，不仅继承了秦汉法统，而且立国规模更为宏阔，其统治者本身具有少数民族血统。宋辽金虽然分别立国，但都尊奉中华政教体制。宋代之后，中国再也没有长期的大分裂。

今天——

作为西方文明大本营的欧洲，历经千辛万苦终于攒出一个"欧盟"，但英国却上演旷日持久的"脱欧"戏码，最后竟变成现实；

而实现现代转型的中国,依然作为一个整体,以一国之地聚合着全世界最多的人口,屹立在世界的东方。

著名历史学家汤因比认为:

> 从整体上看,中国的历史是一部在政治上富有成功经验的历史,而且今天还在以"人民共和国"的形式继续存在着。这跟在西方企图实现持久的政治统一和和平而没有达成的罗马帝国的历史,形成了鲜明的对照。[1]

总体而言,西方历史之重点是"分",而中国历史之主流在"合"。究其原因,首先有必要考察中西地理与气候差异。

二、西方:海洋与离心力[2]

西方文明最古老的大本营是欧洲,欧洲四周多半岛和岛屿。大的岛包括:北边的斯堪的纳维亚半岛,西北角的不列颠群岛,

---

[1] [日]池田大作、[英]阿·汤因比:《展望21世纪》,荀春生、朱继征、陈国良译,国际文化出版公司1997年版,第278页。

[2] 本章二、三部分的主体内容,主要参考刘哲昕:《我们为什么自信》,学习出版社2018年版,第2—14页;刘哲昕:《精英与平民:中国人的民主生活》,法律出版社2014年版,第5—12页;刘哲昕:《文明与法治:寻找一条通向未来的路》,法律出版社2014年版,第20—24页,第59—69页。此外还有韩毓海:《龙兴:五千年的长征》,中信出版集团2019年版,第3—7页。参考内容做了较大程度的转写与演绎,故除了直接引用的文字,其余不再标出具体页码。

西南边的伊比利亚半岛，南边的亚平宁半岛，东南的巴尔干半岛。半岛和岛屿意味"离心力"。主要的原因并不复杂：交通不方便。半岛三面环水，只有一个狭窄的区域与主体大陆相连，甚至二者之间还有山来挡道：西班牙、葡萄牙所在的伊比利亚半岛，和主体大陆之间横着一座比利牛斯山；意大利所在的亚平宁半岛北部，是高高耸立的阿尔卑斯山。岛屿更是四面环水，孤悬海外。山海阻隔之下，交通之不便可想而知。

据统计，欧洲半岛和岛屿的面积，占整个欧洲面积的三分之一，即33.3%。久而久之，欧洲政治经济力量的重心，就更容易分散在四周。相比之下，中国的半岛和岛屿，只占国土面积的1.6%。

地理要素使得欧洲的离心力不可避免，气候要素更让这种离心力变本加厉。

在地球上，赤道地区常年受太阳光直射，周围海面的水蒸气蒸发特别迅猛。这些水蒸气蒸发到空中，形成强大的气流。在地球自转偏转力的作用下，该气流不会往正西方流动，而是会形成偏转——在北半球向右偏，在南半球向左偏。因此，在北半球海面形成起自赤道区域、从东南向西北流动的强大气流，在气象学上称之为"强热带气旋"。

来自太平洋的强热带气旋，袭击中国东南沿海，形成人们熟知的"台风"。而来自大西洋的强热带气旋，则会袭击美国的东南沿海，在那里被称为"飓风"。在航海技术落后的古代早期，面对台风带来的风急浪高，中国沿海的先民想大规模出海，难度比较大，最多趁间隙时出海打渔罢了。台风每年都来，海洋文明在那里就难以获得有效的积累。

相比之下，欧洲一带的海域风浪要小很多。起自大西洋的强热带气旋，袭击的是北美洲的东南沿海，不可能调转风头去袭击欧洲；起自太平洋或印度洋的强热带气旋，就算真能跨越广袤的亚欧大陆到了欧洲，也是强弩之末。于是，欧洲发育出高度发达的海洋文明难度要小很多。地中海还可被看作是亚非欧三大洲之间的一块广阔的"内湖"，风浪相对更小。

欧洲在地理上四周本来就分布着大大小小的半岛和岛屿，容易形成离心力，而气象条件又有利于欧洲四周的半岛和岛屿发育出高度发达的海洋文明，导致政治经济文化等要素进一步向四周集聚，进一步加重这种离心力。而欧洲大陆缺乏足够的向心力来对冲这些离心力。

三、中华：农耕与向心力

距今 8000 万—300 万年之间，印度板块持续向北漂移，并不断向亚洲板块下方俯冲。经过复杂地质运动，青藏高原逐渐隆起，中国地势西高东低的整体格局由此基本形成。青藏高原的南部边缘是整体上东西走向的喜马拉雅山脉，而青藏高原本身的面积又足够广袤，阻隔了来自印度洋的暖湿气团的有效北上，造成中国西北地区以温带大陆性气候为主，特别干旱少雨，逐渐形成了广袤的沙漠和戈壁。

青藏高原耸立在北半球的中纬西风带当中。从西北吹向东南的冬季风，途经西北的沙漠和戈壁。风裹挟黄沙，遮天蔽日，形成今天人们谈之色变的"沙尘暴"。

沙尘暴在今天确实是环境污染，但在那个古远的时代，却是对中华文明的伟大的馈赠。黄沙在风力的裹挟之下，整体上自西北向东南运动，但所过之处并非一马平川：东边，有太行山脉；南边，有秦岭。由于高山阻挡，风速慢慢减弱，黄沙被迫沉降。经过数百万年的沉降，大自然完成了一项杰作——广袤的黄土高原。目前关于黄土高原成因的主流学说就是"沉降说"。

在这片广袤的高原上，黄土到底有多厚？平均80—120米，最厚的地方超过400米——这就是自然的伟力！不像南方的红土因含铁而坚硬，也不像东北的黑土虽然肥沃但厚度只有1米，这层源自沙尘的黄土细软而深厚，在技术落后的原始时代，先民们靠木石或骨头做的农具就可以轻易开垦。

农业还需要降水。而黄土高原位于400毫米等降水线的南边——青藏高原隆起带来的热源效应，使得夏季来自太平洋的东南季风可以更加有效地长驱直入，把暖湿气流送到黄土高原一带。

土壤和降水之外，农业还需要适宜的气温。据中国著名气象学家竺可桢（1890—1974）考证，大约在距今8000—3000年前，地球处于"全新世大暖期"，平均气温比当今高2—4℃。这意味着当年黄河流域的气温和当今的长江流域差不多，非常温暖湿润，正好适合农耕；而当时的长江流域大概和当今的东南亚差不多，湿热难耐。在农具还比较原始的时代，面对长江流域密布的森林，很难实现大规模有效开发。得益于得天独厚的土壤、降水和气温条件，农耕就在黄土高原率先发展起来，由此而有高度发达的农耕文明，黄土高原也成为中华文明早期的摇篮。

讲完"风"再讲"水"。中国的地形总体上西高东低，呈三级台阶。黄河九曲拐弯，最终"奔流到海不复回"。须知黄河不单是一个"几"字形，而是包括众多支流的一大片流域。黄河及其庞大的支流网，流经土质疏松的黄土高原，裹挟大量的黄沙，不断向下游冲刷。经过数百万年的漫长岁月，在淮河、海河、滦河等河流的共同作用下，广袤的华北平原逐渐形成。该平原与黄土高原大体位于同一纬度，且离海洋更近，降水量更为充沛，气温条件也差不多，同样适合早期农耕文明的发育。

一个黄土沉降形成的黄土高原，加上一个河流冲积形成的华北平原，形成中华文明早期的核心农耕区。值得关注的是这个区域的面积——将近100万平方千米。放眼当时的世界，很难找到第二个面积如此广袤、条件如此优越的核心农耕区。在东亚大陆上，该区域农作物的产出，超出周边所有地区物产的总和。

这就是广义的"中原"。

基于农耕文明的比较优势，中原地区对周边地区形成强大的辐射和吸引的作用，产生强大的"向心力"。

"中原"之外，还有"江南"。随着气温的下降、农耕技术的进步，以及中原大家族南迁的影响，从三国时代开始，江南陆续得到开发。到南宋，中国经济重心完成南移。古人敏锐地捕捉到这个变动，通过举朝廷之力继续修筑大运河等措施，保证中原和江南的有效连接，让两个庞大的农耕区连成一片，共同成为中国向心力的重要来源。

这个强大的向心力，足以对抗来自周边地区的离心力。

幅员辽阔的中华大地，拥有中原、江南、草原、雪域、西域和海洋等不同的地理区域和地貌类型。基于地理上的多样性，各个区域的人们在活法、看法和想法方面势必呈现各自的特色。这成就了中华文明的丰富与博大，但也带来一定程度的离心力。而来自核心农耕区的强大向心力，最终将各个区域紧密地连接在一起，形成一个独特的"文明型国家"。

欧洲威斯特伐利亚体系[1]下的民族国家，其理想状态是"一个民族，一个国家"，但中国自古以来就是多民族的，不仅多民族，而且多宗教。如何发挥文明的伟力，让多种不同的民族和宗教等要素在同一个政治共同体中和谐共生，是这个文明型国家自古以来的首要关切。从一种动态的眼光来看，所谓"中国"，或可看作是一套基于强大的向心力而包容各种多样性的复杂机制。

正是基于复杂的多样性，中国最终成为一个"超大规模国家"。这种超大规模性，是思考中国问题的一个重要前提。"大"不是在量上的简单增加，而是内部机制复杂性的成倍上升。如果"以小观大"，简单地拿民族国家的理论对中国历史与实践削足适履，在思考的出发点上就走偏了。

四、同心圆 vs 拼图

基于长期统一形成的向心力，中国社会形成一种由周遭向中心辐辏的同心圆式的结构；而由于漫长的分裂所造成的离心力，

---

[1] 威斯特伐利亚体系（Westphalian System）是象征欧洲三十年战争结束而签订的一系列和约。和约确定了以平等、主权为基础的国际关系准则。从此，曾经一统天下的神权世界已经不可避免地趋于瓦解，民族国家开始登上历史舞台，国家之上不再有任何权利。在和约的基础上，人们又签订了许多和约、条约，建立了各种体系和国际组织，但其基本原则都没有超出《威斯特伐利亚和约》规定的国家主权和平等的范围。因此，威斯特伐利亚体系既是近代国际法的实际源头，又是国际关系史上的一个里程碑。

欧洲社会形成的是相互撕扯的拼图式结构。[1]

对于同心圆来讲，整体先于部分；对于拼图而言，部分先于整体。在同心圆中，圆心必须占据物质财富和精神世界的制高点，用它的辐射力、吸引力和感召力，把周边各个圈层紧密地凝聚在一起，达成有机的融合。这主要是靠发自内在的文明浸润，而非简单的武力威慑。其背后是柔远能迩等王道思想，是"天下一家"的和平愿景。在拼图中，大家谁都不服谁，造成战乱频仍，直到终于在痛苦中明白谁也灭不掉谁，只好靠外在的契约、法律或宗教把各个部分机械地拼合起来。但这种拼合的背后，却藏着"弱肉强食"的丛林法则。

中国的同心圆格局，有一个历史发展的过程。

在苏秉琦（1909—1997）、严文明（1932— ）等考古学家的研究中，可以找到这种同心圆格局最初的身影。在距今4000年前的远古时代，中华大地上曾经出现"满天星斗"或"重瓣花朵式"的格局。在新石器时期，山东地区、中原地区、长城地带、辽西地区、甘青地区、长江流域等各个区域的文化，像天上的星斗交相辉映，像层层的花朵彼此交叠，但尚无一个统御全局的核

---

[1] 参见刘哲昕：《我们为什么自信》，北京：学习出版社2018年版，第34—36页。

心。[1]但是，在距今4000—3500年前，位于中原的二里头文化逐渐一家独大，璀璨夺目，周边再没有可以与之匹敌的文化，就像是"月明星稀"。因此，中国新石器时代的文化并不是一种单线的进化，而是有一个从"满天星斗"到"月明星稀"的发展脉络。考古学家许宏（1963— ）倾向于把二里头作为"广域王权国家"，并认为"中国最早的王朝也只是到那时才出现"。[2]从"满天星斗"到"月明星稀"，一个同心圆格局依稀形成。

根据《尚书·禹贡》的记载，中国曾经和西方一样面对大洪水，但没有去造诺亚方舟，而是靠人的力量疏通河道。这个运动的领导者叫大禹。据说，正是在治水的过程中，中国的内部交通被打通了，各个地区获得了统一的联系，而早期中国的版图由此奠定。大禹还被各部落赋予了独断的权力。正是基于这种权力，最早的夏王朝得以形成。

大致说来，气候和地理的因素为中国同心圆格局的形成，提供了难得的"硬件"。不过，那些不断升级的、维系同心圆的"软件"系统更加值得关注。这是本书下面的主要内容。

---

[1] 参见李伟：《中国文明的形成：从满天星斗到多元一体——专访探源工程负责人之一、北京大学考古文博学院院长赵辉》，《三联生活周刊》2012年第40期。

[2] 参见许宏：《何以中国》，生活·读书·新知三联书店2016年版，第107页。

第二章　从殷商到周代
上帝的退隐与"德"的凸显

在中国的传统史学中，商（因后期都城在殷，又被称为"殷商"或"殷"）是承接夏的第二个王朝，而周则是第三个。殷商的政治，长期笼罩在神灵的旨意中，人们匍匐在神灵的脚下战战兢兢。这是中华文明在当时面临的一大挑战。经过武王伐纣的鲜血洗礼，商周之间政治上的最大转变，是从尊奉神灵的旨意到重视执政者的德行。由此，宗法制、封建制、天下体系等得以全面展开，中华文明呈现出更丰富而生动的态势。这是从宗教到伦理的转变——即便不是决绝的"上帝之死"，也是"上帝的退隐"。据此，中国的同心圆格局获得了牢固的道义基础。

一、殷商：一个强者的迅速灭亡

公元前1046年左右，周武王姬发（？—前1043）率领周与各诸侯的联军，起兵讨伐商纣王（？—前1046），"战一日而破纣之国"。这就是人们熟悉的"武王伐纣"。

据《史记》的记载，周武王攻下殷都不久，就班师回朝，回到周地，却整宿睡不着觉。原来是胜利来得太快太突然，超出了武王的预期。

当时，政治上基本处于部落联盟的状态。立足于中原大地的殷商，作为一个部落，原本实力不俗，才能稳坐联盟首领的位置。

殷商文明曾经非常辉煌灿烂，其青铜铸造技术在当时首屈一指。比如，殷商的后母戊鼎，又称司母戊大方鼎，鼎高133厘米，口长110厘米，口宽79厘米，重达832.84千克，是迄今为止发现的全世界最大的古代青铜器。该鼎的器身和四足都是整体铸造的，鼎耳则是在鼎身铸成之后，再装范具浇筑而成。这个庞然大物的鼎身四周，还有精巧的盘龙纹和饕餮纹，鼎足上还有蝉纹，线条清晰逼真。腹内壁铸造的"后母戊"三个字，笔势雄健，体态丰腴。想想都令人惊讶，如此一个体积巨大、造型精美的大鼎，竟然是在那么久远的年代铸造的。须知造这样一个大鼎，不仅要制作模具、范具，还要想办法把青铜加热到熔点，尽管青铜的熔点不算高，但对当时的人们而言已不容易；还要组织和协调大规模的人力资源、进行社会分工，最后才能造出这一"镇国之宝"。用今天的话说，一尊后母戊鼎背后，是殷商在青铜工艺方面完整的产业链，是一种跨区域、跨行业的协作生产机制。

殷商留下来的青铜器，何止一尊后母戊鼎。殷商的青铜器具横跨礼器、乐器、兵器、工具、生活用具、装饰艺术品和车马器等多个门类。仅一个妇好墓，就出土了 468 件之多，而且种类齐全；殷墟更是出土了四五千件青铜器。这样一种强大的青铜铸造能力，不仅支撑起殷商物质文明和精神文明的方方面面，还支撑起殷商强大的军事实力——所谓"国之大事，在祀与戎"。制造礼器和制造兵器，在核心技艺上差别不大。这种技艺，是殷商"科技硬实力"的重要保障。

另一方面，殷商还有高度发达的甲骨文。据统计，从 1899 年首次被发现到 2019 年甲骨文发现 120 周年之际，已知出土商周刻辞甲骨的总数约为 16 万片[1]，时间跨度从商王盘庚迁都殷商到商纣王，长达 273 年。上面所记载的内容，涉及商代社会生活的诸多方面，不仅包括政治、军事、文化、社会习俗等内容，还涉及天文、历法、医药等科学技术。甲骨文具备对称、稳定的格局，具备用笔、结字、章法等书法三要素。甲骨文上面刻写的单字约有 4500 个，从已识别的约 2000 个单字来看，已具备了"六书"的造字方法，因此甲骨文被称为现代汉字的"鼻祖"。这种具有较严密系统的文字，在今天是中华文化之瑰宝，而在当时则是殷商垄断精神世界的文化资本，象征着殷商的"文化软实力"。

更重要的是，殷商还建构了一套看似自圆其说的意识形态，

---

[1] 葛亮：《一百二十年来甲骨文材料的初步统计》，《汉字汉语研究》2019 年第 4 期。

就是"天命观"。在这套观念中,天命固定地降临给殷商这个部落,永远不会改易。其他部落要想染指天命,门儿都没有——谁要是反对殷商,就是和"天"作对。

在"三重防护"之下,殷商似乎可以高枕无忧,一直岁月静好。相比之下,地处西部边陲的周,大概只能算个"小跟班"而已。有考古学资料显示,周人铸造青铜的技术是跟殷人学的,周人占卜用的文字也是跟殷人学的。甚至,周人还要去祭祀殷人的祖神——后来孔子说过,"非其鬼而祭之"是一种谄媚。在强大的殷商面前,周人一度卑微到泥土里了。

但是,就这个"小跟班",自从古公亶父开始,默默蓄积力量,稳扎稳打,积攒口碑,不断"圈粉"。历经太王、王季、文王几代人的艰苦奋斗,终于"三分天下有其二"。到武王时代突然发力,"八百诸侯会于孟津",结成浩浩荡荡的反殷商同盟。牧野一战中,纣王派来抵挡周人的奴隶阵前倒戈,进一步壮大了周人的同盟。大家齐心协力,竟然朝夕之间攻灭殷商,周人由此成功地实现"逆袭"和"上位"。

当年,周文王曾讨伐纣王的心腹黎国。殷商的一位贤臣曾跑去警告商纣王,小心弄丢了天命。商纣王信心满满地说"我生不有命在天",其统治是由上天所赋予的。这位贤臣只好悻悻离去。牧野之战后,周人的军队进入朝歌,商纣王一看大势已去,只好一把火烧掉殷商最漂亮、最豪华的宫殿鹿台，纣王葬身火海，而整个殷商王朝也由此葬送。

二、上帝：殷商天命的源泉

原本霸气十足的殷商王朝，为什么迅速灭亡？周人如何避免重蹈覆辙？这大概是周武王在那失眠的夜里，辗转反侧所思考的问题。

殷商的王族注重对祖先的祭祀，主要的活动是请祖先的神灵"吃饭"并"喝酒"。尽管当时的书写技术还比较落后，文字被刻写在龟甲或兽骨上，书写和携带并不方便，且殷商还经常迁都，但他们能保存几十代祖先的姓名和生平等档案资料。据研究，在殷商末期的帝乙、帝辛（即纣王）时期，在最重要的祭祀活动中，要祭祀从上甲到康丁一共三十一位先王和二十位先妣，而且不是一起祭祀，而是按时间先后逐个祭祀。该祭祀前后竟要持续整整一年的时间！祭祀不光耗费了商王大量的时间，还消耗了大量的财政资源。

殷人为什么花那么多时间和财富去祭祀祖先呢？其讨好的对象并不只是祖先，而是"上帝"。

上帝是殷商所信仰的至高神，全称叫作"昊天上帝"或"皇天上帝"。

在殷商的信仰世界中，上帝作为至高神，能够决定农业生产的收成。上帝还管着人间的吉凶祸福。对殷商而言，最重要的是上帝能决定一个王朝的"天命"。当时中华大地上有许多部落，凭什么殷商这个部落能高人一等，占据统治性的地位？殷人给的理由很干脆，就是上帝只给殷人站台。

要让上帝持续地给自己站台，并不是一件容易的事。上帝并不是殷商的"义工"，殷人只有持续跟上帝搞好关系，才能一直获得天命之眷顾。令人沮丧的是，上帝高高在上，在神灵面前颇有"自知之明"的殷人深感：卑微的人类无法直接和上帝打交道。那怎么办？殷人想了一个办法：找中介。这位天人之间的大中介是谁呢？那些去世的祖先们。

在殷人的精神世界中，那些祖先去世之后并不会魂飞魄散，祖先们的鬼魂会升到帝廷里去。上帝虽然高高在上，但并非一位"孤寡老神"，和人间秩序类似，上帝也有自己的"帝廷"，也需要有一堆臣工来辅佐他。殷人的祖先们，活着时在人间做王者，去世之后其鬼魂会升到帝廷去做臣工，为上帝服务。祖先们一方面和上帝走得很近，另一方面和子孙血脉相连。两边都熟悉，适合做中介。于是，殷商的王族，就通过祭祀的方式，不断与祖先搞好关系，请祖先把自己的诉求"呈告"给上帝：请上帝尽量多赐一些好风好雨，少降一些灾祸，让人间的生活不至于太艰难。最重要的是，祈请上帝永远把天命降临给殷商，不要改易天命。

根据这套天命观，殷人只需要与祖先搞好关系，进而与上帝达成沟通，而不是与现实世界的其他族群搞好关系，就可以江山永固、国祚万年了。殷商把主要的精力用于搞好和鬼神世界的关系，而对于现实世界中的其他部落，很多时候就不那么客气了。如果有部落不服殷商的统治，那就直接诉诸武力镇压，代表上帝来消灭之。

殷人所尊奉的这位上帝，喜怒无常。有时候很仁慈，发起怒来也非常可怕。上帝还很任性，啥时候生气或高兴不好揣度。有一个成语叫"神秘莫测"——毕竟上帝是"神"，如果神灵的想法和行为，能够被人用理性轻易琢磨清楚，那还叫什么"神"呢！

殷商所谓"上帝"，不外乎是自然规律的神格化。上帝之所以有神秘莫测、不可揣度的特征，本质上是因为殷商时代生产力水平总体上还未高到充分认识自然规律的程度。面对神秘莫测、瞬息万变的大自然，殷人一时间还没摸到个中门道。于是，殷人在信仰世界中建构出一位人格化的上帝。有了"上帝"这个确定的认识对象，殷人就获得了对自然规律的某种把握感。尽管这种把握感极不靠谱，但毕竟迈出了珍贵的第一步。剩下的事情，就是如何处理和上帝的关系。他们最终找到祖先。不过，作为鬼魂的祖先毕竟已不是理性的活人，性子变得喜怒无常。因此，殷人只好通过认真的祭祀，尽力讨好祖先。在那样一个遥远的年代里，殷人"努力通过祈祷、献祭等温和谄媚手段以求哄诱安抚顽固暴躁、变化莫测的神灵"[1]。

除了讨好，殷人还试图进一步弄懂上帝和祖先的旨意，以便能够积极地作为。至少，就算要向祖先祭祀，也得问问他们什么饭菜合口，什么时间合适吧。但是，上帝和祖先不会主动开口说话，怎样弄懂他们的旨意呢？

殷人用的办法是"占卜"。

逻辑上不难理解：既然上帝和祖先如此神秘莫测、喜怒无常，难以用理性去揣度其旨意，那索性用一种非理性的方式，以偶然性去应接鬼神的任意性。而这种偶然性又必须具有一种神圣性，才配得上鬼神的地位。或许基于这两个理由，殷人最终找到了一个重要的载体，就是乌龟壳。一个重要的原因是乌龟长寿——古人还留着"龟千岁而灵"的说法，乌龟壳的形状据说也很有讲究。

颇通神圣性的乌龟壳，用火一烧，噼里啪啦的声音被认为是神灵旨意的传达。烧出的裂纹具有偶然性，上帝或祖先的旨意就有了具体化的呈现。接下来，如何解读这些裂纹，还有一套复杂

---

[1] [英]弗雷泽：《金枝》，徐育新、汪培基、张泽石译，中国民间文艺出版社1987年版，第84页。

的操作技术。当然，如果没有乌龟壳，兽骨也是一个退而求其次的选择，至少偶然性是能保证的。最后，对占卜结果的解读，还要用文字刻写在龟甲或兽骨上，这是甲骨文形成的根本动因。殷商的甲骨文，是整个王室祭祀活动的重要组成部分，是与神圣世界相关联的，而不是出于世俗世界的记事需要。

三、德性：周人的发现

殷商灭亡后，对于殷人的天命观，周人有足够的理由去怀疑。就算纣王恶贯满盈，都似乎没听说过他不敬鬼神。据说，他在祭祀祖先和尊崇上帝方面也没敢马虎，才有足够的底气和豪气去宣告"我生不有命在天"！可是，当周人兵临城下时，殷人所笃信的天命，为什么没有发挥作用呢？当纣王把火炬举向鹿台时，为什么上帝或先公没有出来帮忙呢？

原本几百年未改的天命，为何一夜之间说改就改了？

殷周之变打破了殷人秉持的天命不变的信条，周人转而承认，天命不会长久而固定地降临在某个部落或族群身上。既然天命变动不居，那么其流转的依据又是什么呢？周人的看法是"德"。

如果比较殷周二代的天命观，可以发现二者在"常"与"无常"方面，正好对调了。殷商天命观中的"常"，是说天命会长久而固定地眷顾某个部落或族群；但这种天命观本质上恰恰是"无常"的：上帝的旨意神秘莫测，不能用人的理性去把握。在周人的天命观中，天命是"无常"的，不会永远降临给某个部落或族群；但其中有一种深刻的"常"，就是上帝不再神秘莫测，他选择天命承载着有固定的标准："德"。

终于，在鬼神的迷雾笼罩之中，一个清晰的"德"字被周人拎出来了！

有德者有天下，失德者失天下。周人有现成的反面教材——商纣王。周人认为，殷商之所以丧失天命，不在于殷人是否虔诚地祭祀鬼神，而在于纣王的失德——因宠幸妲己而是非不分，因酒池肉林而荒淫无道，因炮烙之刑而人神共愤，因修筑鹿台而劳民伤财，因不恤民力而民心尽失！纣王不光剖比干之心，甚至还剖开孕妇的肚子，观察胎儿到底如何生长，只为满足自己偏邪的好奇心。好端端一个殷商，竟然这样被纣王折腾倒台。同时，周人也有现成的正面教材，就是周人自己。几个世代以来，周人一直实施德政，与纣王的作风简直是天上地下。周人宣称，正是靠"德"，周才获得天命的眷顾。

真实的纣王，未必像上面说的那么坏。孔子的学生子贡（前520—前456）就曾经为纣王鸣不平。据说，炮烙之刑、酒池肉林、贪恋女色之类的"段子"，最初的"版权"其实是夏桀的，却被原封不动地硬安到了纣王头上。纣王其实是个大有为之君，东征西讨开疆拓土，对历史贡献很大，就算有酗酒之类的小爱好也无伤大雅。武王伐纣时，纣王的三十万大军正好被调去征讨东夷，于是殷商被周人逮了空子，阴沟里翻了船。

就事实层面而言，这类说法或许有一定的依据。不过，周人要建构的，是一种价值判断。相比于事实层面的"真与假"，他们更关注的是价值层面的"对与错"。不管事实层面有多少夸张和失真，这样一套价值判断依然被建构出来，而且深刻地影响着中国此后的历史观，以及对此前历史的叙述话语。

周人为什么要建构出这么一套天命观念，甚至可能罔顾事实，对历史进行剪裁？须知周人反抗殷商，在一定程度上类似郡县制时代的地方反叛中央，"合法性"本是不足的。如果不解决"合法性"的危机，周人统治就算一时靠武力维系下来，也不能真正长久。而通过"德"的叙事，周人把"地方反抗中央"悄然地替换成"有德取代无德"。如此，周人的改朝换代，就是要恢复天道之本然，就是在"替天行道"。严格地说，在中文语境下，与时兴的"合法性"一词相比，"合德性"更为精准。这个评价标准，是由周人开启的。如此一来，周人也给自己头顶高悬了一把"达摩克利斯之剑"。和殷商不同，周人的天命不再固定地降临于某一部落，而是在不同的执政集团间流转，如果周人尤其是周王失德，天命的流转则合理合法。所以，周人转而强调王者要"修德"，而不是像殷商那样倚赖祭祀活动。

由此，周人确定了"改朝"的依据，主要在于执政集团的"德"，弱化了虚无缥缈的神意，且不同于西方锱铢必较的契约。周代之后，每当新的朝代兴起，大都宣称自己是"德"的化身，宣称"以德治天下"。今天，在现代社会的背景下，中国必须强调全面依法治国，来协调各个利益主体的关系，规范政治权力的运行。即便如此，中国也没有放弃"以德治国"，中国共产党甚至还强调"以德治党"。为什么？法治对现代社会确实是"必需品"，然而法治也有其短板。比如，法治能把权力关进制度的笼子里，但法治不能保证被关进笼子的权力是一个好的权力、愿意为民众干事的权力。要达到后一个目的，需要靠德治激发执政者的内在动力。

其实，想象一下纣王在鹿台放火时的绝望眼神，周人还可以有另外一种选择：既然殷商相信的皇天上帝最终没来拯救殷商，那说明什么？如果揭穿"皇帝的新衣"，这恰恰说明上帝不靠谱啊！可是，周人在精神世界中并没有简单地把皇天上帝打倒在地，而是予以尊重和保留。这当是周人的高明之处。如此一来，就算殷周之际的天命观念变化剧烈，但最高的皇天上帝仍然岿然不动。殷周之间文明的连续性，就有了最根本的保障。

所谓"连续"，并不是一成不变，更不是推倒重来，而是既有"变"又有"常",才叫作"生生不息"。中华文明的连续性,也是在这样的意义上说的。

四、民本:德治的本质

周人所强调的"德",与今天所说的个人层面的思想道德修养还不是一回事。这里的"德",主要是针对执政者,尤其是天子。对于执政者而言,最重要的"德"是什么呢?周人认为,执政者最大的"德",就是能够保护民众,让他们丰衣足食,安居乐业。这就指向中国古代深厚的"民本"传统——执政者最重要的工作,不是去逢迎神秘莫测的鬼神,而是扎扎实实地保障民众的生活。

在《尚书》中,周人不厌其烦地讨论"民本"的话题。他们认为,天地是万物的父母,而人是万物之灵。天地让聪明者做君主,是为了像父母那样承担对民众的责任——所谓"父母官"的说法,在此处已有影踪。"父母官"的本意,并不是说官员要骑在民众头上作威作福,而是要求官员用父母照顾子女的那份挚爱,去看护治下的民众。周人还强调,上天让一些人做君主或师者,目的是为了护佑天下的民众。如果君主虐待民众,就是违背上天的意志,必然失去天命,自取灭亡。相对于天意、君意,民意被放置在一个非常突出的位置。殷商时代皇天上帝那神秘莫测的意志,逐渐被人间社会所投射的民众意志所塑造。皇天上帝不再喜怒无常，而变成民意的终极保证和最高代表。

操作层面的困难在于，民众那么多，如何知道民意？今天很多选举采用"一人一票"，而片面的一人一票是否真靠谱，现在西方人自己都在反思。在当时的交通通讯条件下，在远超城邦规模的广袤疆域中，一人一票无异于天方夜谭。

周人有一套了解民情民意的办法。周王室设有专门的采诗官，到各诸侯国去采集民间老百姓当中流行的歌谣，回来献给周天子。其中有对当地好人好事的点赞，更有对苛政恶政的控诉。周天子听到这些歌谣，就能知道民意之褒贬，并有针对性地予以处理。当时，周人很自信地说，周天子不用亲自出门，就能知道天下疾苦。采集上来的诗，被称为"风"，里面反映的就是各诸侯国的民情民意。今天的作家们还时兴"采风"，最早的源头就在这里。值得注意的是，在反映各地民情民意的"风"、贵族宴享朝会用的"雅"和宗庙祭祀歌颂祖先的"颂"三者当中，"风"是排在第一位的，足见当时民本观念之一斑。

在周人这套民本观念中，民众与君主并不是平等的。并不是君主比民众重要，恰恰相反，民众比君主更具有根本性。君主的地位来自皇天上帝的授命，但皇天上帝不过是民众利益和意志的终极代言人罢了。当民众具有皇天上帝这个终极代言人，民意和民心就有了强大的道德基础和终极的神学保障。民众对君主并没有无条件服从的义务，更没有忍受君主压迫的义务。恰恰相反，以皇天上帝为靠山，他们有权要求君主实行德政。如果君主失德，统治暴虐，民众就视之如寇仇，皇天上帝也会相应地惩罚君主，甚至改变天命的承载者。与更看重形式和程序的西式票选民主相比，中华民本传统更关注实质性的结果，那就是民众的利益与民心的向背。

在殷商"尊神"的天命观的基础上，周人既没有猛打方向盘，也没有抛弃神灵，但是在慢慢转向。虽然周人的天命观在外形上仍然具有神学的特征，内容上却转向以民为本，这使得周人逐渐远离神权政治，在制度上更加理性化。殷商的君主自认为君权神授，行为缺乏规范。周代开始形成一整套明确的君主行为的规范原则。尽管这些原则并非强制性的法律，但在当时的社会背景下，当这些规范原则固化为政治文化传统，就足以在道德上对君主形成强大而内在的约束力量。后世儒家继承和发扬了这种传统，让民本主义的政治传统更加牢固，并成为主流。于是，作为执政者，必须承担对民众的无限责任，否则天命就会改易，执政者就要赔上整个集团的身家性命。正是在这一思想的浸润下，历朝历代总体上注重轻徭薄赋，减轻民众的负担。诸如文景之治、贞观之治、康乾盛世之类的盛世，无不在民本方面格外注重。直到今天，中国共产党依然庄严宣告:"人民对美好生活的向往,就是我们的奋斗目标。""江山就是人民,人民就是江山。"这可以被认为是民本传统在当代的创造性转化和创新性发展。中国共产党集中力量让民众摆脱贫困,更是人类历史上亘古未有之伟业。

考古学家发现,甲骨文中经常出现的"帝"字,当时专指"皇天上帝",而周人更多地谈论"天"。在周人那里,该祭祀还是祭祀,但不必像殷商那样战战兢兢地去谄媚鬼神、讨好上帝,而主要是继承传统祭祀的形式来培养人们内在的敬意,达成人间世界的秩序。

对于殷商复杂繁琐的祖先祭祀,周人也加以简化,主要祭祀始祖和离自己比较近的几代君主。这样一来,君主终于从殷商繁重的祭祀负担中"解放"出来了!另外,殷商的祭祀重在敬祀鬼神,周人的祭祀却关注其道德教化和凝聚人心的功能,并使人不过分迷信鬼神。

五、宗法制:维系政治共同体的稳定

通过德治和民本观念,周人解决了朝代更替的合法性问题。接下来的问题是,老君主去世,新君主如何产生?这是一件大事,弄不好就会刀兵相见,影响政治共同体本身的稳定。在这方面,周人也给后世确立了一系列制度典范。

殷商时期，君位继承的主导原则是哥哥死了弟弟即位，周朝主要采用父亲去世儿子即位的制度，并且规定优先继承君位的，是正妻的长子。相比之下，殷商以横向原则为主导，周则以纵向原则为主导。为什么会有这种变化？

殷商的继承原则有个大麻烦：假设第一代的君主生了五个兄弟，第二代的五个兄弟各自再生五个兄弟，三代下来就有二十五个堂兄弟。第二代的最后一个君主应该是其中最小的兄弟。问题是，等他去世，第三代该传给谁呢？从个人情感角度，他最希望传给自己的儿子，但那些大侄子、二侄子、三侄子……前面一堆侄子怎么摆平？他们的父亲都当过君主，而且资格还更老。或者，传给大侄子，让这二十五个侄子再轮一遍？一来第二代的老大，时代已经太久远了，朝堂的官员已经和第二代的老小家更亲近；二来人的自然寿命有限，这么慢悠悠传下去，君位对后面的侄子几乎只是画饼。于是，第二代最后一位君主面临两难：传给自己的儿子，一堆侄子不服；传给大侄子，一堆官员不近，一堆侄子干等。

著名学者王国维就认为，殷商在商王中丁以后有"九世之乱"，王族子弟为王位争夺不休，乱源就出在这种继承制度上。周人正是看到这个问题，才对继承制度进行改革。但是，为什么优先选择正妻的长子？因为就算君位在父子之间传承，老君主同样会有一堆儿子。如果没有一个优先顺序的安排，如果任由老君主选择，亲兄弟之间争起君位来，也不比堂兄弟之间客气多少！而谁是正妻的长子，这事情并不由君主说了算，也不由君主的正妻说了算，正妻的长子自己更无法决定自己的出身。谁是嫡长子这个问题，在根本上只有大家头顶的老天爷说了才算。这种生物学的标准，完全排除了人为的因素，这就叫"天意"。人再大，也大不过天。天意如此，其他那些觊觎君位的兄弟伙，且死了争位之心吧！

周人的这种君位继承制度，对老君主本身也具有强大的约束力。按照人之常情，一些老君主可能更喜欢年轻貌美的妃子，爱母及子，看幼子可能更顺眼，想通过传位于彼来表达疼爱之情。但是，既然身为君王，承担家国之重担，就必须舍弃这种人之常情。历史上有些糊涂的帝王，真想把那倒霉的正妻所生的长子给废掉，把君位传给幼子。但是，一旦君主有这样的意图，一帮大臣会拼命反对，一边给君主磕头，一边跟他死磕到底。这就是历史传统带来的对君位传承的稳定预期。于是，在该制度约束下，连君主或皇帝都不能由着性了、按照喜好来选择自己的继承人。这不是"人治"，反倒有"法治"的色彩。

这还不是周代君位继承制度的全部。试想，如果正妻不生育，或者正妻的长子夭折，又该如何处理？为了应对类似的问题，周代的天子和各个等级的贵族，在娶亲的时候，就会确定"夫人"们的地位高低。当时婴儿出生后死亡率较高，为了保证足够的君位候选人，他们需要娶多个夫人，其数量与自身等级相关，由国家礼制严格规定，不能随意更改。基于各位"夫人"地位的高低，进而确认其所生子女地位的高低。这样一来，就算生几十个儿子，也能一目了然地确定继承权的优先次序：首先由地位较高的母亲的儿子优先继承，同一个母亲生的诸多儿子当中，则按照年龄排序。

围绕"夫人"和儿子们地位的确定，有一整套严格的制度规定，这就是"宗法制"。有正妻一支的"大宗"，还有其他夫人的"小宗"，小宗之间同样有地位高低的差别。几代人过去，家族人丁越来越多，血缘关系也越来越稀薄，于是各小宗再自立门户，在各自内部继续分大宗、小宗。最终，形成一个"树状"的结构。这棵宗法之树可能枝繁叶茂，层级复杂，但一层层上溯，都能找到较早的"根"。这对于团结宗族内部的子孙，已经足够了。

这样一种组织制度也不局限于天子、诸侯。在社会的各个等级，人们都按照宗法制的原则来组织自己的家族。由此，社会秩序根据人伦秩序得以建立起来。

要理解宗法制的意义，需要考察农耕文明的特征。农业和畜牧业不一样。牧民可以逐水草而居，哪个地方水草丰美，赶着牛羊、拉着帐篷就游牧过去了。但农业需要定居，因为农作物的生产周期比较长，农民需要在一块固定的土地上，遵循农作物春生夏长秋收冬藏的规律，经过四时的循环，长期劳作之后才有粮食过冬，才能供养妻儿父母。如果他所在的政治共同体，因为君位的争夺而发生动荡，那就意味着刀兵四起，兵祸不断。春天好不容易播种下去，夏天禾苗刚长出来，可能就被乱兵踩踏得一塌糊涂。好不容易熬到秋天，说不定又有一拨乱兵过来，把辛苦收成的粮食抢走。如果没有稳定，农业生产就难以为继。

因此，宗法制的重要意义，就在于在当时的历史条件下，为农耕社会提供了一种必要的公共物品——稳定的秩序。整个周代前后持续了800多年，是中国历史上时间最长的朝代。有人说这样统计有水分，毕竟春秋战国乱成一锅粥。不如做最保守的估计：从前1046年武王伐纣到前770年平王东迁，这中间足足有276年。就算掐头去尾，二百三四十年的稳定，周朝还是能够提供的。对比历史上的大多数时期，这个时长其实已经非常难得了。

对农耕文明的执政集团而言，能够提供稳定这种公共产品，恰恰是最大的"德"！

宗法制对维系当时的社会发挥了积极的作用，绝不是几顶"封建""落后"之类的大帽子就能够扣死的。对于今人面对古人时惯常的傲慢与偏见，当代学者苏力（1955— ）曾发出过一个提醒：

即便在一些人特别是某些今人看来的野蛮或愚蠢，也不是全然没有理由和根据的，或是不正当的。一个群体的长期"愚蠢"，从功能主义视角看，很可能就是他们在生存的具体情境中被逼出来的唯一选项，因别无选择，所以是智慧。

在苏力看来，中国的先民，在这块后来被称为中国的特定土地上，为了活下去，为了活得稍微好一些，以自己的智慧或"极精炼的愚蠢"，一代代合作、演进和积累，才造就了如此的中国。[1]

理解后文谈到的诸多问题，也当有这样的豁达心胸。

六、封建制：大型国家的初步建构

对于君主的儿子们而言，如果实行殷商的君位继承制度，兄弟们都还有机会继承君位——只要活得足够久，把前面的兄弟都"熬死了"，自己就能轮到。可是，在周代的继承制度下，只要前面的兄弟继承了王位，此后王位就在其子孙内部纵向传承，和处于横向关系上的兄弟们从此基本"绝缘"了。

从现实上考量，对那些想争夺王位的王子们，对那些在政治上突然彻底无望的"皇叔""王爷"，不能总靠"天意"去忽悠，

---

[1] 苏力：《大国宪制：历史中国的制度构成》，北京大学出版社2018年版，第3页。

还得给他们现实的政治利益，才不至于让他们滋生事端，才能实现政治的稳定。

对现实的政治利益的安排，在周代主要靠封建制。逻辑不复杂：既然继承君位没有指望，在都城里待着容易生事，不如给他们分一块地方，让他们到那里去做诸侯，有一方自己的小天地，关起门来自己做主；他还可以继续分封自己的子孙，自己开枝散叶，岂不也算退而求其次的美事一桩？封建制对兄弟们都有利，让哪怕原本觉得吃亏的一方也有了奔头。

除了自家兄弟，还有一起讨伐殷商的异姓部族，周人也必须分配利益，给予他们较高的封号。即便那些没有跟周人一起造反的部落，只要人家没有明确反对，周人也要尽量团结，给个"封号"。不要小瞧这种看似不用花钱的"荣誉称号"。有了它，周人和这些部落各自都可以心安理得，建立起基本的信任关系，觉得彼此是"自己人"。否则彼此猜忌，心生疑窦，弄不好也容易惹来刀兵之祸，危及政治共同体的稳定。此外，在讨伐商纣王的过程中，有些功臣表现极为突出，也不能亏待人家，需要分一块地方让他们自己建国（比如姜子牙被分封到齐国）。

值得注意的是，对于曾经的敌人——殷商的后裔，周人仍然给他们封号，叫作"宋"，给予其国君最高的"公"的爵位，政治待遇比别的诸侯国还要高半截。宋国可以沿用殷商的历法、服饰以及风俗习惯等。宋公见了周天子，也不用从属性的"臣"的身份，而是享有对等性的"客"的待遇。周人还费心费力地去寻找夏的后裔，把他们封为杞国，享有和宋国类似的政治待遇。周人从制度层面，对前面两个朝代表现出极高的尊敬和礼遇，甚至碰到麻烦事儿还会征询前朝后裔的意见和看法。周人这种不把前代赶尽杀绝，而是对其优礼有加的做法，形成极具包容性的政治传统，为中国后世大多数朝代所继承。中华文明之所以能够保持其连续，也离不开这种文化基因。

周朝的封建制，并不只是限于天子和诸侯之间。诸侯同样需要一层层往下分封，于是有卿大夫、士等不同的封建等级，各个等级政治地位不同，但都有自己直属的领地。这样一来，从上到下，每个层级都获得自己安身立命的领地，有了干事创业的积极性，并且通过分封构建出嵌套般的从属关系，上下层级之间相互需要承担一定的义务，而整个社会也获得一种适合当时生产力水平的组织形态。

极具历史意识的中国人，以发达的史学传统建构出从三皇五帝到夏商周的历史传统，看上去仿佛是在一个固定空间中的线性传承，但事实上，"中国"是在历史中不断"生长"的。传说中的三皇五帝，其统合的区域应该不太大。夏商虽然被后世认为是两个朝代，但在当时他们大概是部落联盟的盟主而已，和其他部落的关系也比较松散。相比之下，通过封建制以及宗法制，周人建构了一个在政治上具有多个层级的大国。尽管当时还不像后世那样有比较明确的行政管辖区划，但相比前代，已然是一个了不起的进步了。这可以说是人类最早尝试并实践的大国内部的纵向政治分权。这种分权，在希腊城邦国家或中世纪欧洲的封建王国未曾实行过，在马其顿帝国、罗马帝国也未能制度性地实践过。相比之下，周代在这方面可以说为政治制度史做出了重要的贡献。[1]

基于这种"制度优势"，西周大概覆盖了 100 万平方千米以上的地区，其疆土范围西到渭水流域，东抵大海，北至今天北京以北的燕山山脉，南接长江流域。据推算，西周人口大约有 1000 万，到春秋战国之际人口达 2000 万左右，在当时的世界上遥遥领先。

正是在周代的制度框架之下，中国不仅实现疆域的扩大和人口的增加，还实现了国土的深度开发。当时的封君率领周人的军队，甚至投降的殷商军队，外加一些专业工匠和技术人员，到当时还未充分开发的地区，去开荒种地、建立城池。那些地方原本有些土著居民，被称作"野人"，住在城外。而西部过来的这些有政治、军事和技术优势的拓荒者，则自称"国人"，住在城内。这些先民们在东边的广阔天地里白手起家，用比较先进的农业生

---

[1] 参见苏力：《大国宪制：历史中国的制度构成》，北京大学出版社 2018 年版，第 229—234 页。

产工具和技术，一点点开垦土地，慢慢积蓄力量。一开始，一般的封国也就方圆三五十里，能达到百里的都算是大国了。而国与国之间，还存在大量有待开垦的荒地，没有明确的国境线。国与国之间一开始也是各干各的，因为本来就挨不着。所以，一开始分封也还能层层持续下去，因为无主的土地还有较大的存量。[1]

经过两百多年的生息繁衍、努力经营，到春秋时代，社会生产力就发展到比较高的水平，人口进一步增加，国与国之间也逐渐有了彼此的疆界。在这个基础上，才有所谓"春秋五霸"的出现。[2]正是通过封建制以及宗法制，黄河流域的农耕区域——广袤的黄土高原和华北平原，才逐渐从部落联盟状态，被整合为一个像模像样的大型国家。

还需要注意的是，尽管都叫"封建"，但周代与欧洲极为不同。欧洲的封建（feudal）有诸多割据的领主，但缺乏一个共主。而周代的封建，有一个共同的源头，就是周天子。周代尽管封建，但强调的是"定于一"，必须有一个共主。

---

[1] 参见田余庆：《中国古代史上的国家统一问题》，载国家图书馆编：《大国价值》，国家图书馆出版社2017年版，第187—214页。此处主要参见该书第192—193页。

[2] 同上。

七、天下体系与礼乐文明

相比殷商时代部落联盟的政治格局，周人建构的天下体系具有更宏阔的视野和普遍主义的抱负。

殷人认为，殷商整个部落是天命的承载者，因此殷商部落比其他部落享有优先地位。但是周人却把承载天命的主体收敛到周王一人。于是，周人对其他部落反而没有高人一等的感觉。《诗经》说的"普天之下，莫非王土，率土之滨，莫非王臣"[1]，今天很多人认为这是霸气十足的专制。实际上，这句话反倒意味着，把全天下所有人都当作人来看，因为大家同样都是周王的子民！周人在取代殷商后，对部族之私心私利进行了主动的限制，看似会丧失一些现实的小群体利益，却获得更大的整体政治收益。

基于天命看护对象的普遍化，天下体系得以展开，各个部落在这个体系中尽量实现和谐相处。当口服心不服变成心悦诚服，周人的治理成本也可以大大降低，不必主要依赖暴力威慑、武力镇压这些"硬实力"，而是靠文化和制度的"软实力"，让大家加入一个共同的政治体系。异姓部落接受周的"封"，就是加入这个体系的政治入场券。

对于同姓诸侯，周朝用宗法制、封建制，以血缘为纽带，把

---

[1] 《诗经·小雅·北山》。

大家编制进一张人伦之网中。大家相互之间成为"兄弟之国"。兄弟之间，怎么好意思打来打去？真打起来，回来如何跟共同的父亲交代呢？

对于异姓诸侯，没有血缘关系，怎么办？那就结为姻亲。在今人眼里，婚姻是爱情的结果；但在周人眼里，婚姻最大的意义是政治性的。两个异姓的部落，本来八竿子打不着，但让孩子们结婚，大家就成为儿女亲家了。周人还特意用制度禁止同一姓氏的人结婚，似乎很早就知道近亲结婚的危害。但是，更为重要的考量则是，驱使不同的部族相互获得姻亲的联系，让他们结成"甥舅之国"，成为外甥和舅舅的关系。

通过血缘和姻亲的纽带，周人几乎逐渐把全天下的部落都编进一张人伦网络中。既然大家都是亲戚，都是"一家人"，相互之间就不能太讲利益，也不能动不动就诉诸武力。"天下一家"首先强调的只能是"感情"，是亲戚之间的和睦相处，是父慈子孝、兄友弟恭之类的人伦亲情。

站在今天的角度，也许有人会说这套体系有点低级，但相比于殷商靠武力威慑的做法，这已经是一个"升级版"。当时，交通和通讯极其不发达，人们稳固地互动交流的渠道很有限。但是，血缘却是一个先天赋予的纽带，想不认也得认，子子孙孙也否定不了。因此，周人用血缘及姻亲做纽带，表面看有些落后，却是当时能够动用的、最经济有效地凝聚大规模共同体的方式。

对于大规模共同体而言，血缘亲情能发挥纽带作用，但有一个变量会将其逐渐消解，那就是"时间"。几代人之后，相互之间亲情就非常稀薄了。毕竟每个家族都会生息繁衍，越到后面人丁越多，大家缺乏共同生活、密切接触的经历，仅靠越来越稀薄而抽象的血缘，又能真正激发起多少内心的情感呢？

这是周代天下体系的短板。要想亲情永续，且不贬值，确实是痴心妄想。这个短板不可能完全被克服，但可以想法修补，至少让亲情延续得更久一些。这个延缓的办法，就是礼乐文明。简单来说"礼"包括各种礼仪规范，"乐"包括音乐和舞蹈。但"礼乐文明"的重点，并不是那些具体的仪式和乐舞，而是要由此教化人心，培育人们的道德情操和对共同体的情感认同。

开创这个传统的，据说是周代早期的摄政王周公姬旦。事实上，这应当是周人长期实践的结果，而周公是使得礼乐能够系统化和普遍化的关键人物。周人通过礼乐制度，半强制性地让大家尽可能地互动起来，尽可能参加共同的礼乐实践，由此来激发亲情，维持共同体的情义。

周代的礼乐，不仅贯穿着一个人从生到死的过程——这个过程需要整个家族的参与和见证，而且覆盖了从个人生活到社区生活、政治生活的方方面面。正是在礼乐制度的作用下，个人的生命获得稳定的期待，社区和更大的共同体也被有效凝聚起来。不同层面的共同体生活，都基于礼乐赋予的节奏感，而获得内在的秩序。

在礼乐文明中，群体与群体之间可以"化干戈为玉帛"。殷商时代的治理，主要靠"干戈"即武力。周人依靠"玉帛"，善用礼乐文明，用文治的力量，把各个群体更和谐地团结在一起。人们通过不断重复的礼乐实践，逐渐养成恭敬之心，养成真诚而庄重的道德情感。人们学会最大限度地呵护他人的感受，也学会节制自己的不良情绪。这就是礼乐教化的力量。尽管柔软，却能走心。通过礼乐，周代建构的"同心圆"获得了维系自身的纽带。

当然，礼乐文明绝非万能，也不可能让共同体维系得天长地久。但是，只要它能延缓共同体瓦解的时间，能尽量穿越岁月的剪刀，就功莫大焉，值得人们怀着温情与敬意，去礼敬与回望。

八、一个对比：周代天下体系与希腊城邦政治

周代天下体系的普遍性，远超希腊的城邦政治。对于分属一大堆城邦的希腊人而言，自己所在的城邦是其思考所有问题的前提，所有的问题和探讨都围绕城邦展开。古希腊所谓的公民社会，对外邦人有严格的限制。一个人离开自己的城邦，就成为没有权

利的外邦人。[1]而城邦内部数量庞大的奴隶，在哪里都没有政治权利可言。据估计，希腊最大的城邦雅典全盛时期不过40多万人，自由民约9万，实际行使公民权的成年男性公民不过2.2万，只占总人口的百分之五左右。除了4万外邦人，剩下的33万人是没有任何公民权的奴隶。奴隶们被迫在手工作坊、矿山、农场进行繁重的劳动，而大部分财富则归所谓的公民。换句话说，正是基于严酷的"人我之分"，基于奴隶们辛勤的劳作，那些所谓的公民们，才可以在大剧场里面聊哲学、谈艺术，搞所谓的民主政治。这还是号称古代民主典范的雅典，在全盛时期的"盛况"，更别说其他那些城邦了。并且，这种城邦内部所谓的"民主"，也不能带来城邦之间的民主。城邦之间反而经常性处于战国状态，时不时出现霸主政治。[2]希腊之后的罗马帝国，尝试过多种政治制度，但唯独没有捡起希腊的民主这个"法宝"。罗马帝国本质上不过是罗马城邦对其他被征服地区的支配。

相比之下，早在三千多年前，中国的古人们就强调"天下"，以一种积极融合、共荣共生的心态，超越一城一邦的局限，超越我族和他族的藩篱，建构出一个更大的"同心圆"。中国人早就

---

[1] 参见瞿林东主编，刘家和、易宁等著：《历史文化认同与中国统一多民族国家》（第五卷），河北人民出版社2013年版，第105页。

[2] 参见张志强：《应以怎样的态度认识中国》，观察者网2014年2月16日（https://www.guancha.cn/ZhangZhiQiang/2014_02_16_206255.shtml）。

知道"你好我好"才能"大家好"的道理，试图通过"你来我往"造就"你中有我，我中有你"的交融与和谐。今天，中国积极提倡"人类命运共同体"，高唱 you and me（我和你），希望 one world, one dream（同一个世界，同一个梦想），成为纷乱国际舞台上的一股清流。

周代开创的礼乐文明，影响中国几千年，成为中华文明的一张珍贵名片。直到今天，中国仍然自称"礼仪之邦"。就算在中国近现代转型的过程中，礼乐文明有所失落，但当中国逐渐恢复她的元气，礼乐文明也在当下的社会逐渐回归。这并非源自外在的强制，而是根源于人们内心深处的选择。

第三章 从周朝到秦汉
封建的失灵与郡县的确立

尽管周代的各项制度相比于殷商有长足的进步，但时间一长，很多制度就逐渐运转不灵了。武力强悍的游牧部落犬戎攻破镐京，周平王（？—前720）仓皇地把都城迁到洛邑，周天子权威扫地。在西周时代默默积蓄力量的一些诸侯做大，实力逐渐超过了周天子。当政治上的离心力逐渐超过向心力，周朝的封建制逐渐解体，各个诸侯国陷入彼此混战的局面，造成巨大的人道主义灾难。当中华文明面临普遍武力的威胁，诸子百家横空出世，各自思考重建稳定秩序的路径。法家通过把战争做到极致而结束了战争，这就是秦始皇统一六国。法家着眼于用制度建构大共同体，但忽略了基于小共同体——家庭和家族——的人之常情，使得秦朝二世而亡。汉朝几经波折，最终选择用儒家作为治国理政的指导思想，重新让家和国一气贯通，而法家和儒家也逐渐实现合流，为后世中国的同心圆结构奠定了基本的内部连接纽带。

一、封建秩序的全面崩溃

整个春秋时代，周天子权威不断跌落。郑庄公（前757—前701）不仅跑到周王室的地盘去收割粮食，还在交战中一箭射中周桓王（？—前697）的肩膀，弄得天子在各个诸侯面前灰头土脸，颜面尽失。楚庄王（？—前591）带着军队跑到洛邑郊外耀武扬威，还去问周王室的王孙满，周朝的传国之宝"九鼎"到底有多重，丝毫不掩藏对周王室的挑衅之心。

当没人把周天子放在眼里时，政治同心圆的圆心就逐渐丧失向心力。上面没了管束，下面就逐渐乱套。那些弑君自立的诸侯，不把天子的规矩放在眼里。但规矩坏了，这些人的日子也并不好过，因为诸侯下面其他的等级，同样也会挑战诸侯的权威。周王室原本应该担当道德的典范，但此时也不断上演兄弟相残、弑君夺位的戏码。

人伦亲情随着世代的演进而稀薄，崩坏的礼乐又不能笼住人心，宗法制就逐渐运转失灵。宗法制本来是要通过严格的继承序列来避免政局的动荡，可到这一时期，君位继承制度屡屡遭到破坏，地位低的小宗甚至通过武力取代大宗，结果是诸侯国内部的混乱。君主被臣子或自己的儿子杀死，兄弟之间为争夺君位自相残杀。根据著名历史学家司马迁的记载，春秋时代，君主被杀的案例有 36 起，诸侯国灭亡的案例则有 52 起。前者意味着国内继承秩序的紊乱，意味着宗法制的衰落；后者意味着国家间的兼并，意味着封建制的动摇。宗法制和封建制被破坏的速度，到战国时代越来越上升。震撼性的大事，像多米诺骨牌一样接二连三出现。[1]

影响深远的第一件大事，是晋国被韩赵魏三个家臣瓜分（前443 年）。三家瓜分晋国之后，使出一系列军事和外交手段，包括给周天子行贿这种上不得台面的办法，竟然让当时的周威烈王正式承认了三家的诸侯地位。这件事影响极为恶劣。所谓"分封"，本应该自上而下，才能维护在上位者的权威。如今韩赵魏三家生米煮成熟饭后，再让周天子来"封"，周天子的权威何在？三家做了违背周礼、犯上作乱的事，周天子本来该依据周礼讨伐之，如今周天子收了三家的贿赂，不仅毫不追究，反而授予正式爵位，那以后谁还把周礼放在眼里？有兵有地有钱，就可以封侯，这样的侯又能值几个钱？

还有一个标志性的事件，叫作"徐州相王"。前 332 年，为了向之前的宿敌齐国示好，魏国领着韩国和一帮小诸侯，跑到徐州（在今山东滕县东南）去朝见齐威王（前 378—前 320），正

---

[1] 参见田余庆：《中国古代史上的国家统一问题》，载国家图书馆编：《大国价值》，国家图书馆出版社 2017 年版，第 187—214 页。此处主要参见该书第 195—196 页。

式尊其为王。齐威王不想一个人当出头鸟，拉着魏惠王一起称王。这之前，天下只有周天子才真正称王。虽然南方的楚国、吴国、越国君主也僭越称王，但只是关起门来自娱自乐，中原诸国不仅没把他们当回事，而且打心眼瞧不起这些未沐王化的"蛮夷"。但作为中原大国的齐国和魏国公然称王，其政治影响不可同日而语。据说，这事儿传到楚国，气得楚威王吃不香睡不着，第二年还率军跑去攻打齐国。诸侯称王，意味着周天子仅存的最后一丝尊严也没有了。这之后，一堆大大小小的诸侯纷纷称王。最高的王号都可以由各诸侯国自产自销，封建秩序更是乱了套。此后，甚至还发生了齐国和秦国试图称帝——一个比"王"更尊贵的名号——的未遂事件。

春秋时代，周天子虽然衰微，但还维持着天下共主的名分，大国诸侯至少表面上要打着"尊王攘夷"的旗号，才能登上霸主的地位。到了战国时代，各国连这样的口号也懒得多提了。周天子最大的用处，不过是为那些僭越的诸侯签字盖章，承认他们的名分罢了。等到诸侯纷纷称王，连这名分都失去意义了。待到前256年秦灭周，各大诸侯国几乎不见有啥反应。

二、百家争鸣的背景：集权与战争的升级

上层建筑的剧烈变动背后，是经济基础的深刻变化。这需要从井田制讲起。[1]

一般认为，周代实行井田制，土地的产权名义上归周天子。通过层层分封，各级诸侯贵族作为封建领主，实际拥有各个地块的产权。他们把耕地平均分配给农民，每家受田百亩，叫"私田"。然后八家组合在一起，共同耕种一百亩"公田"。私田的收入归农民自己，公田的收入归自己直属的封建领主。八块私田环绕在公田四周，共同组成"井"字形。一般农民二十岁受田，六十岁把田归还公家。

当时，人群以聚居的形式散布在大地上，就连国与国之间都有大量空地，没必要划分明显的疆界。一开始，分封确实可行，反正缺的是人不是地，分封恰恰是分一拨人去开荒种地，重要的是给人而不是给地。相对于当时稀少的人口，土地的供给量仿佛是无限的，于是先挑肥沃的地方画井字，开垦了再说。当时，农

---

[1] 关于井田制及其改革，以及战国王制国家的形成，参见刘守刚：《中国财政史十六讲：基于财政政治学的历史重撰》，复旦大学出版社2017年版，第27—41页。主要是"第三讲 从城邦到帝国进程中的财政国家"部分内容。另参见张宏杰：《简读中国史》，岳麓书社2019年版，第53—57页，主要是"第九章 战国史就是变法史"部分内容。

业技术还不够发达，生产工具比较原始，需要靠村社集体劳动来弥补技术的不足，大概不仅公田里面是集体劳动，即便私田里面也需要各家各户时不时搭把手、相互协作。

但是，人会生人，人口会以超指数级增长。在西周两百多年的稳定环境中，这种增长会更迅速。据推测，西周初年的人口大约是几百万，但春秋战国之际已有2000万左右。在土地边际报酬递减规律作用下，原有井田内人均产量越来越低。为了解决吃饭问题，人们不得不去开垦原先看不上的、不那么肥沃的薄地。

另一方面，人们也逐渐有能力开垦这些荒地，原因在于技术的进步。

西周时代，青铜冶炼受铜矿、锡矿分布的影响，成本较高，主要用于制造礼器、食器和兵器，农具以木、石、骨材料为主，青铜农具不多，硬度也不太够。最迟到前6世纪的春秋晚期，得益于冶铸青铜器的鼓风设备，中国就有了冶铸白口生铁的技术（相比之下，欧洲直到14世纪，由于水力鼓风机的采用才使冶炼铸铁技术得到推广，比中国晚了近2000年）。铁的硬度比青铜更高。与铜矿和锡矿相比，铁矿的分布更为普遍。因此，铁制农具不光质量提升、种类增加，而且成本更低。铁器的运用，加上水利灌溉工程的开发，提高了劳动效率。当技术进步之后，村社集体劳动不仅没有必要，反而会凸显在公田里"磨洋工"的问题。有文献记载说，当时老百姓在公田里不肯尽力，但在私田的劳动积极性奇高。之所以在公田能"磨洋工"，在于随着效率的提高，同等时间下不需要出那么多力，也能获得和之前一样多的产出交给领主，但不到点又不好意思收工；之所以在私田里尽心尽力，是因为干完后可以自己做主，拿着铁器再去开垦其他荒地。

在这种情况下，"井田制"就显得落后了，改革势在必行。

改革也有契机。私田的产权，游离于原有的井田制之外。这些土地上的"剩余产品"，到底该归谁所有？国君和贵族都在打主意。毕竟农民也没办法独占，他们也需要一个保护者，来确保基本的生产秩序。于是，一番复杂而残酷的博弈下来，在有些国家，国君获得这些额外的"收入"，在博弈中占了上风，于是有实力削弱或消灭一些贵族，把他们的封地收归己有；在另一些国家，占据上风的贵族可能把国君废掉，自己僭越成为国君，然后再重复强势国君的逻辑，去削弱或消灭其他贵族。这就是当时弑君僭越频发的深层经济逻辑。[1]

不管谁削弱或消灭谁，他们要想获得这些"额外"财富，都不能再用井田制的形式，于是改为以每家每户的总收入为基准，收取一部分作为财政收入。最后，基于公田"磨洋工"等问题，

---

[1] 参见施展：《枢纽：3000年的中国》，广西师范大学出版社2018年版，第133—135页。

一些诸侯国干脆"通公私",取消公田和私田的区别,甚至一并取消贵族的封地,一律"履亩而税",以家庭为单位,按面积收税。这样一来,农民为自己家生产的生产积极性被调动出来,小农家庭作为更有效率的生产单位,终于取代之前的村社。春秋战国时代诸侯国的财政汲取能力,由此得到空前的加强。

财政有了钱,有些事情就好办多了。

到春秋时代,随着代际的繁衍,一些原本属于贵族家庭的成员逐渐递降为"士"。随着竹简的广泛使用,这些"士"以及一些平民子弟都有机会接受教育。他们为了拓宽自己的社会上升通道,游历于各个诸侯国去寻找机会。而在列国竞争的格局下,一些励精图治的国君也有求贤若渴的冲动。此时,财政也有了养官僚的本钱,士人正好成为官僚的重要来源。这些官僚没有封地,但领俸禄。[1]

另外,迫于竞争压力,基于财政实力,诸侯逐渐突破周礼中对各国军队规模的限制,纷纷扩军备战。各诸侯国还进一步拓宽兵源。本来,按照周礼,居住在城邑或近郊、由诸侯分封时带过来的那拨人被称为"国人",财政负担轻,需承担兵役;而居住在城外的当地原住民被称为"野人",财政负担较重,不需要服

---

[1] 参见施展:《枢纽:3000年的中国》,广西师范大学出版社2018年版,第135—136页。

兵役。此时，不论是国人还是野人，都成为国家编户管理的小农，国野之别日趋模糊，都需要交税、服兵役。这是战争规模升级的重要原因。

西周到春秋的诸侯国，基本上是以人口为支撑点的城邦。到战国时代，以土地为支撑点的"王制"国家逐渐成型。"王制"国家间你死我活的竞争，导致战争规模和烈度的升级，民众生活动荡不安，农耕文明最需要的和平和稳定的外部环境，遭到了严重的破坏。

尽管"春秋无义战"，但春秋时代诸侯之间打仗，多少还要讲礼，还有一个基本的规矩，不会轻易地灭人之国。从战争规模上看，春秋时用兵规模不算太大。比如，晋国有一次率领十几个诸侯讨伐秦国，算是春秋时的一场大战了，但当时双方兵力加起来也不过十几万。但到战国，动辄参战人数几十万，大的战争甚至光战死者就有几十万。比如，伊阙之战，秦军斩杀韩魏联军 24 万；鄢郢之战，楚国损失精锐 30 多万；长平之战，参战人数过百万，赵国损失精锐 45 万。

相比之下，雅典在其鼎盛时期伯罗奔尼撒战争开始时最多只能动员 1.3 万人参战。亚历山大大帝征服欧亚的部队只有 4 万人。罗马史上伤亡最大的战争坎尼之战，死亡 6 万人。而和希腊罗马同时的中国战国时期，一场大型战争死亡人数达几十万之众。战国时代较大规模战争共有 230 次，相当于两百年内每年都发生一次希腊罗马最大规模的战争。有学者指出："中国作为超大规模国家的战争烈度，远远超过西方；因政治分立造成的战争死亡和痛苦，也远远超过西方。"[1] 为了避免超大规模的人道主义危机，中国必须优先强调秩序和稳定。

正是在春秋战国时期，出现了著名的"百家争鸣"。[2]

今天，人们对"百家争鸣"颇为神往，认为那个时代思想自由，学术兼容并包。奇异的是，这个思想史上的黄金盛世，恰恰是以现实中的乱世为代价的。礼坏乐崩、大争之世，这是春秋战国的总体特征，也是诸子百家思考的共同前提。这些争鸣的诸子们，虽然立场不同，观点各异，但都在思考同一个核心的时代课题：

如何结束眼前纷繁的乱世，重建一个稳定、统一的政治秩序？

比较重要的，有儒墨道法四家。

---

[1] 《潘岳在中华文明与中国道路学术论坛致辞：中国道路的世界意义》，中国网 2019 年 11 月 1 日（http://cppcc.china.com.cn/2019-11/01/content_75363520.htm）。

[2] 据《汉书》记载，所谓"诸子百家"，当时数得上名字的一共有 189 家，4324 篇著作。真正有较大影响的不过几十家。后世归纳的重要学派主要有 12 家：法家、道家、墨家、儒家、阴阳家、名家、杂家、农家、小说家、纵横家、兵家、医家。

三、孔子（上）：拯救礼乐，教化士人

一般认为孔子是儒家的祖师爷。不过，孔子有自己的精神偶像：尧、舜、禹、商汤、周文王、周武王，也包括周公。这些人物都被儒家认为是"圣王"，就是不光德行好，而且政治地位高。儒家认为，孔子的德行和他们一样好，但没有那么高的政治地位。没有"位"很麻烦，一腔抱负不得施展，所以只能自己去找，哪怕活着的时候注定到不了"王"的高度。

55 岁那年，孔子开始周游列国，前后持续 14 年。孔子 30 岁学成，72 岁去世，周游列国的时间占了这 42 年的三分之一。周游列国，不是孔子退休之后出来旅旅游，而是出去"谋职"，希望在别的诸侯国获得一个位置。事实上，孔子曾经在鲁国当到相当于公安部长的高位。但是，当时鲁国和很多诸侯国一样，君主说了不算数，当权的是季氏家族。孔子想削弱这些权臣的势力，二者势必龃龉，最后孔子只好知趣地离开。

这 14 年，孔子走得非常辛苦。好几次被当地人围攻，甚至有一次七天七夜吃不到一口热饭，饿得奄奄一息。究其原因，主要是各地旧贵族害怕孔子被君主重用后搞改革，威胁自身的地位或利益。郑国有老者开玩笑，说孔子是"丧家犬"，就是像一条流浪狗一样成天东奔西走。孔子听了后欣然接受，还认为这个比

喻太形象了。在外漂泊14年，孔子未能施展政治抱负，只好回到鲁国，编书育人以至终老。

孔子死后，历朝历代却不断给他加封，原本只是大夫的他，死后一度获得"王"的封号。孔子的嫡系后人，也被历代朝廷加封，到北宋还被封为衍圣公，竟然一直持续到民国时代。孔府、孔庙、孔林被称为"三孔"，成为著名的世界文化遗产。如今，孔子的出生地尼山，也被打造成气势恢宏的体验式旅游胜地——尼山圣境。

生前被人打趣为"丧家犬"，死后却获得巨大的荣誉，其家族成为"天下第一家"。孔子凭什么？凭的就是他为中华文明做出的重要贡献。

孔子最痛心的事，就是礼乐的崩溃。这并不是说人们不再举行礼乐的仪式。恰恰相反，礼乐在表面上似乎更加繁荣和兴盛。比如，按照周礼本来只能享用十六人跳舞的鲁国卿大夫，竟然私自僭用天子才能享用的六十四人舞蹈。这种状况让脾气原本温和的孔子也表示无法忍受。礼乐本来是用来维系社会秩序、安顿世道人心的，可不断被僭越的礼乐，就算再热闹，又如何具有感染人心、维系秩序的力量呢？就像橡皮筋，本来可以用来绑头发，令其更加整洁，如果不断被强力拉伸失去弹性，就失去了绑头发的功能。

面对破碎的周礼，孔子的选择是重建。从何入手呢？"正名"。春秋时代的麻烦，就在于君主没有君主的样儿，臣子没有臣子的样儿，父亲没有父亲的样儿，儿子没有儿子的样儿。一句话，名不副实！所以才招来那么多祸事，谁都难以安生。孔子希望用礼制的名分，来约束大家遵守相应的行为规范，不要由着性子乱来。这就需要人们克制自己的欲望，把心灵安放在礼乐之中，让礼恢复到它应该有的样子。礼有了尊严，在礼中的人也才有尊严。

"礼"相当于今天的"规矩"。人离开社会共同体，没办法独自生活，大家在一块儿，如果没规矩，共同体乱了套，每个人都遭殃。礼或规矩都是用来保障社会秩序的。孔夫子曾说他自己到七十岁能够做到让自己的内心和外在的规矩完全地融合在一起，把规矩完全内化于心、外显于行，彼此不分。守规矩这事儿，是孔夫子给中国人立下的最大的规矩。

接下来的问题是，靠谁去重建周礼，恢复和维护社会的秩序？孔子改造了一个既有的社会阶层——"士"。

西周时代的贵族有五个等级。士原本是贵族中最不起眼的，但好歹还是贵族。随着世代的积累，到春秋战国，士越来越多。多了就贬值，慢慢和平民没什么差别。随着经济的发展，原本的平民阶层也在不断壮大。对于这些人，他们社会上升的渠道在哪里？当时，随着人口的增加，需要更多人才进行社会管理，而人才需要的是知识。知识谁来教呢？

孔子站了出来。

在孔子的众多封号中，"至圣先师"大概是最贴切的一个。孔子可以说是最早的民办学校校长——弟子三千，应该不是虚指，在当时的社会，这个数字是很了不起的。他开的还是"国际学校"，不光鲁国人，各个诸侯国的人，都跟他学习。这个学校还是个流动学校——在周游列国的路上，还一边走一边收了不少学生。

在孔子之前，教育资源非常有限，一般只有贵族才有机会接受公办教育，私立教育基本上空缺。孔子就像西方神话中的普罗米修斯一样，把教育的火种，从公办教育那里"偷"过来，惠及更多的人。他的学生中不乏慕名而来的贵族子弟，但绝大多数是平民出身，没有或失去了贵族的身份。他用自己渊博的学识教他们读书，让他们即便没有贵族的出身，也能学习礼乐射御书数这些当时公办教育的主课，从而具备贵族的学识和修养；他以自己崇高的德行教他们做人，在那样一个无道的世界里，给他们提出"士志于道"的崇高要求。

在中文中，"道"的含义比较复杂。在儒家那里，大概是要通过自我修身和人文教化，让人世的秩序不违背天道的法则和历史的正义，让道德和价值而不是利益和智谋成为社会的主导原则，由此社会才能获得一种健康而可持续的秩序。

孔子告诉学生，既然想成为一个真正的士，就不能讲究吃、讲究穿，而是要把失落的"道"重新担当起来，要有超越于现实利益的整体和长远考量。孔子还以"君子"的标准来要求这些读书人，告诫他们，就算要谋求一官半职讨生活，也绝对不能忘记谋求大道。君子担心的，不是自身的贫穷，而是大道的失落。这些要求让"士"焕发出精气神，具有了自觉意识。士人可以在现世的纷扰中一骑绝尘，但并不抽身而去，从而获得一种昂首挺立于尘世间的道德勇气。

据说，孔子的弟子中，比较出众的有 72 位。考虑到当时的人口规模，这个数量绝对不算少。他们昂然独立，有胸怀，有原则，有担当，有操守，在各个领域承担起政治和教化的重任。孔子死后，弟子们散居到各地，其所发挥的潜移默化的教化之功，绝对不可小觑。

对于一个共同体而言，必须有人超越自己的个人和小家庭利益，去关心和维护共同体的整体利益和价值秩序。在西方宗教文明中，传教士担当了类似的角色，宗教是其行动的终极依靠。而孔子则唤起士人的道德勇气，让他们成为社会道德与价值的自觉的承担者。因此，如果一个士人，只是用自己的学识变着法儿去谋求自身利益，那不过是今天人们所批评的"精致的利己主义者"，只会让社会越来越糟糕。

四、孔子（下）：仁爱的同心圆结构

孔子讲"仁者爱人"，仁和爱高度相关。

或许令人略感"失望"的是，和墨家的兼爱、西方宗教所讲的博爱不同，儒家所讲的"仁爱"是一种"差等之爱"：一个人要从爱自己的父母、兄弟开始，一步步地把爱往外推，推展到熟悉的亲戚朋友，再推展到更多人。到最后，所有人都是我的同胞，万物都是我的伙伴。可能有人认为，和兼爱、博爱相比，儒家、孔子所提倡的仁爱有点落后。可是，这个结构背后，有其深刻的逻辑起点，那就是"人之为人"的根本事实。

从科学角度看，人类是从类人猿进化而来的。在从猿到人进化的过程中，有一个重要环节，就是直立行走。这给人类带来各个方面的深刻改变。

一方面，人类的双手被解放出来，不必再用于行走，而是用于劳动，特别是制造工具。在漫长的岁月中，劳动越来越复杂，工具越造越先进，人类的大脑受到复杂劳动的刺激，脑容量越来越大。据研究，当黑猩猩的脑容量不再增加时，人类的脑容量却在之后的200万年内增大了3倍！

另一方面，因为直立行走，人类的力学结构发生了巨大的变化，从横向的状态变成纵向的状态。为了直立行走的稳定性，人类的两腿不能像动物那样分得太开，迫使臀部不断变窄。不难想象，如果好不容易站起来，还带着一个巨大的臀部，人是没法快速奔跑的。在原始时代残酷的生存竞争中，行动迟缓就意味着生存概率降低，基因更难获得代际传承。而臀部变小，直接导致人类的骨盆变窄。对于男人而言，影响还不算太大。但对于女人而言，这意味着产道变窄、宫颈口变窄。

于是，一个巨大的矛盾，摆在人类的胎儿面前：一方面是头颅不断变大——人类胎儿的头颅所占身体的比例大大超过其他动物，头颅的圆周几乎超越身体的圆周；另一方面是母亲的产道和宫颈口变窄。如果人类的胎儿要在母亲的子宫中发育到足够成熟的程度——就像其他动物那样，成熟到生下来很快就能够独立行走，吃喝拉撒睡自己解决——那么，同步成熟的硕大头颅，就没有办法通过母亲那狭窄的宫颈口和产道。生不出来，怎么办？

在漫长的进化过程中，人类获得的解决方案是——早产。

相比于其他动物，人类是"早产儿"。比如，斑马、单峰骆驼、海豚、蓝鲸孕期12个月，驴的孕期13个月，虎鲸16个月，长颈鹿15个月，犀牛孕期17个月，亚洲象孕期22个月。人类作为万物之灵，孕期却只有九个半月！为什么？就是为了胎儿的头颅，能够快速通过母亲狭窄的宫颈口和产道。[1]

---

[1] 此处关于人类"早产"的论述，主要参考郑也夫：《神似祖先》，中国青年出版社2009年版，第126—131页。

尽管人类通过其高度发达的智力和与之相关的组织性，而高踞地球食物链的顶端，但就刚出生时的状态相比，人类其实竞争不过大多数动物！脆弱不堪的婴幼儿，如果离开父母和家人无微不至的、漫长的照顾，根本不可能活下来，不可能长大成人。

相比于其他动物，人类还是"幼态持续"时间最长的动物。所谓"幼态持续"，就是从出生到性发育成熟的时间，人类竟然需要十三四年，大大超过许多动物的寿命长度。在这段漫长的时间中，人类和其父母、家人之间互动程度之深，也是其他动物所望尘莫及的。

正是在这个深度互动的漫长过程中，人类因为父母和家人无微不至的"爱"，才在内心逐渐培养出更成熟、更发达的"爱"的能力——爱并不是先天具有的情感，而是后天发育的心灵能力。在这项能力发育的过程中，如果遭逢家庭变故，缺失了父母和家人的爱，一个人的"爱"的能力会受到极大的影响。如果完全缺失这个"被人爱"的过程，比如一出生就不幸被狼叼走，然后被狼养大，那么这个人就很难具有正常的人类的"爱"的情感。

一个人"爱"的情感本身是通过父母和家人的抚养过程而获得的，一般从父母和家人那里所获得的爱最多也最深。基于简单而朴实的常理，人应该首先把爱回报给父母和家人。儒家正是在无意间遵循了这个"人之为人"的最根本的事实。这个事实如此关涉人类存在和成长的本质，所以儒家强调"爱由亲始"，就有了最坚实的人性根基。

基于人类生命成长的基本事实，儒家高扬基于人类生命自然成长历程的"孝道"，立足家庭、家族之"情"，为仁爱之心的发育提供充沛的自然情感基础。《孝经》说，一个人如果连自己的亲人都不知道爱、不知道敬，而宣称爱他人、敬他人，这种爱和敬是没有根基的，违背了道德和礼制，只是一种流于表面的虚伪。

另一方面，一家一户不可能独自生活在广袤的大地上，千家万户在一起相互协作、结成共同体，每个人才能够生存下来。这是作为人必须面对的另一个重要事实。儒家讲的"仁爱"，还要通过"推己及人""将心比心"的"恕道"，超越家庭、家族之"私"，在更大范围内一步步推广基于家的亲情友爱，达到更高层次的和谐共生。

这两个方面有一种非常深刻的辩证关系。一方面要立足家庭和家族之情，另一方面又要超越家庭和家族之私。而"推"和"及"的依据，还是人之为人那最根本的情感，而不是"理"或者"契约"。如此一来，一个人以自己为中心，一圈一圈往外推，也逐渐形成一个"同心圆"的心理结构。

李泽厚（1930— ）等人强调中国文化是一种"情本体"的文化，

而不是"理本体"。这种"情",要超越的恰恰是一己之私情,要做到的是对他人"移情",与他人"共情"。中国文化主要从"家"出发,主张共同体本位,遵循"差等之爱"的现实逻辑;相比之下,西方文化主要从原子化的个人[1]出发,强调个体本位,由此主张"平等之爱"的理想主义。"原子化的个人"如何相爱?当内在的根源不足,就必须找到一个强大的外在根源,这就需要上帝来做"平等之爱"的保障。

正是基于"仁"的重要性,李泽厚认为,孔子用"仁"的逻辑制造了中国人的心灵,儒学虽然没有人格神的上帝,但是对中国人心灵世界的影响,与基督教在西方社会不相上下。[2]

孔子生活在走向分裂的春秋时代,却以深邃的历史眼光和精微的人性洞察,为中华文明奠定了哲学根基,赋予了价值内核。孔子去世之后,儒家内部分化出许多小学派,各自教化一方。辗转到战国,可谓"花开两朵",分别是孟子和荀子。孟子沿着"仁"的思路,提出"性善"的命题,继续寻找其人性论基础——恻隐之心,为"仁"提供更内在的精神动力。在政治哲学上,孟子高扬仁义,追求王道、仁政,反对霸道、苛政。荀子立足于"性朴"

---

[1] 在古希腊朴素唯物主义哲学中,原子是构成物质的最小单元,可以独立存在且相互之间联系微弱。借用到社会生活领域,主要是指人们从各种基于共同体的关系中剥离出来,成为一种独立的个体存在,人际关系变得疏离。
[2] 李泽厚:《论语今读》,生活·读书·新知三联书店2008年版,第32页。

的思路，认为要靠外在规范来约束人的行为，更加强调礼法的价值，希望王道和霸道能够统一。相比起来，孟子的思路似乎更"孔子"，但在乱世的现实中见效比较慢，有点像中药的机理。荀子靠外在的礼法，见效快，但副作用也较大，和西医有些类似。后来收拾乱世的，恰恰是荀子的学生韩非（约前280—前233）、李斯（前284—前208）等人所发扬光大的法家。

五、墨子：平等之爱与组织建设

在战国时代，墨子（约前476或480—约前390或420）是和孔子齐名的思想家，甚至行动力还超过孔子。墨子的偶像，比孔子的偶像周公还早，是大禹。大禹"三过家门而不入"，墨子也是一副衣衫简朴、风雨兼程的苦行僧形象，虽常年奔波操劳，但墨子却乐在其中。

常年奔波，墨子为了什么？

墨子关注的一个核心问题，是如何避免战争。他很不喜欢当时诸侯之间乱哄哄争来打去的局面，因为最终受害的还是老百姓。战争带来的不光是战场上直接的伤亡，还有这背后多少支离破碎的家庭！不过，他也不是反对所有的战争，只是反对那种以大欺小、恃强凌弱的掠夺性战争。墨子成天满世界跑来跑去，劝那些大国别欺负人。但碰上不听劝的，怎么办？那就自己上，替小国守城。守城需要人，人从哪找？

墨子靠自己的精神魅力和理论体系，吸引来一批死心塌地跟他干的弟子。这帮人和墨子一样，大多是手工业者或农民，都是苦出身，作为社会底层，估计少不了被人欺负的经历。他们痛恨社会的不公，也愿意帮助弱小。墨子把他们组织起来，形成一个纪律严明的团体。墨子自己任这个团体的首领，称为"巨子"。墨子死后，巨子还有继任者。巨子一声令下，众人赴汤蹈火，在所不辞。据说，后世的侠文化，传承的就是墨家的精髓。另外，墨家弟子如果在各国做官，都要用俸禄的一部分给墨家团体交"份子钱"，而且心甘情愿。和诸子百家中的其他学派相比，"组织化"是墨家非常突出的特点。

在深度介入现实世界的基础上，墨子还提出一套理论，其关键词叫作"兼爱"。

墨子认为，战争的原因，在于人们相互之间不相亲相爱，总是想损人以利己。而那些占据资源优势的人，干起损人利己的事情更是得心应手。混乱的根源是人们"不相爱"，相应地，解决的方案就是"兼相爱"，进而"交相利"，就是要无差别地爱他人，相互之间互惠互利。墨子苦口婆心地劝人们：看待别人的国家，要像看待自己的国家一样；看待别人的家族，就像看待自己的家族一样；看待别人的身体，就像看待自己的身体一样。这样一来，都是自己人啊，还有啥必要打来打去呢？这样的一种想法，与墨家信徒的职业身份有关。他们大多是手工业者。古代农业生产以家庭和家族为单位，而农耕文明又占据主要位置，提倡差等之爱，正好与家庭和家族的结构相适应。而手工业者本身需要建构跨越家庭和家族的普遍协作，对他们而言，"兼爱"是一种更优的选择。

墨子明白，"兼爱"在现实中确实不大容易落实，因为人们各有各的想法。于是，墨子主张通过组织化的方式，来实现思想的同一。如何同一思想？靠层层的组织。从下往上，分别设立里长、乡长、三公之类，最上面是天子。在一乡之内，大家必须绝对地听乡长的，乡长说什么就是什么。否则，这个乡长就不称职。一层一层往上，最终做到以天子之是非为是非。从上往下层层传达，从下往上层层服从，思想就同一了。因此，天子只要提倡大家"兼爱"，那实行起来有何困难呢？墨家以一种组织化的方式，把人的个体性消解在整体性当中。如此一来，个体不能有真正的精神觉醒。

但是，个体凭什么要无条件服从整体的意志？墨子请出了"天"。他说，天希望人们相亲相爱、互利互惠，不喜欢人们相互憎恶、彼此残害。如果顺应天的意志，就能够得到好处，否则就会受到惩罚。至于天为什么会有这样的倾向，墨子并没有说明，他只是简单地给自己的主张披上这层薄薄的神学外衣而已。那么，具体对人执行赏罚的是谁呢？墨子只好请出"鬼"。为了让人们相信鬼的真实存在，墨子甚至还用自己的一套逻辑学严肃地证明"鬼"的存在——这样的操作倒也是脑洞大开。

对于鬼神，孔子的态度是"敬鬼神而远之"。到墨子这里，天和鬼神成为一个必要的理论预设。正是这一点使得墨家成为一个准宗教组织。墨家成员之所以能够赴汤蹈火、死不旋踵，不光是出于对巨子的个人信任，还有这种宗教激情作为根基。但是，墨家思想中强烈的经验主义和世俗主义倾向，使得墨家无法建立起一个独立、超越的彼岸世界，而其整体主义的取向，也没有给个体救赎留下太多的位置。墨家强烈的和平主义追求，也使得墨家不能建构一个绝对排他的神灵信仰，因为绝对排他恰恰会导致纷争。

这些因素使得墨家的宗教要素，最终未能发育到一个高度成熟的程度。

和立足人的关系性存在的、差等的"仁爱"不同，"兼爱"强调的是没有分别的爱，这意味着每个个体身上要对每个他人承担无穷无尽的责任和义务。这种思想会带来两种结果。一方面，对于一些普通人而言，由于责任和义务的对象和内容是无限的，可生命又是有限的，反倒不知道具体该怎么做，干脆无所适从地不作为。另一方面，对于墨家的忠实信徒而言，如果非要对每个他者承担起无穷的责任和义务，那就意味着个人的生活变成彻头彻尾的负担和苦行，甚至快乐都成为一种罪恶。更麻烦的是，如果一个人爱自己的父母，和爱路人甲、路人乙一样，其父母会作何感想？如果一个人想完全同等地爱地球上六七十亿人，其实现路径又在哪里？

总之，墨子的"兼爱"对人性的要求太高，也太理想化，因此难以长期持续地被多数人所坚持。

尽管墨家的"兼爱"并不能落实在现实中，去结束战国的乱世，但墨家在组织建设中积累的经验却可能产生了现实功效。据何炳棣先生考证，墨子死后，墨家有一支去了秦国，他们把这套组织技术（还包括一些守城技术）传给了秦献公，而后世商鞅变法则是在更大范围内复制和强化了源自墨家的组织技术，其中包括户籍制和什伍连坐制。[1]

在中国历史上，尽管"兼爱"不具备普遍化的价值，但具有"破局"的意义。当人们陷于各自为家、不能推爱的困境时，兼爱所倡导的"平等之爱"能够通过一种外在的信仰，以一种振聋发聩的激烈方式，激发一个人的爱他人之心，而这实质上是"推

---

[1] 何炳棣：《国史上的"大事因缘"解谜——从重建秦墨史实入手》，《光明日报》2010年6月3日，第10版。何炳棣先生此说还有一定的争议，聊备一说，以启思索。

爱"机制的一种实现。当社会陷入阶层固化、民不聊生的境地时，历代农民起义提出"均贫富、等贵贱"等口号，与墨家的社会平等理想遥相呼应。

墨子本来就是社会底层的代言人。

六、老子：权力的自我节制

老子（约前571—约前471）的《道德经》据说是所有书籍中被翻译得第二多的——排第一位的是基督教的《圣经》。当年，老子骑着青牛，出了大散关往西，不知所终。[1] 还好当时守大散关的关令尹喜是老子的超级粉丝，"滥用"了一回职权，强留他写了五千言，才有了后世之《道德经》。但是，在出关做隐士之前，老子又做什么呢？

老子的职业生涯，主要是做周王室的守藏史，大概相当于图书馆兼档案馆的官员。作为史官，老子大概不仅要管理藏书和档案，还有一个重要的职能，就是观测天象。在先秦时代，甚至在整个古代，对王权而言，观测和把握天象都是一件具有极高政治意义的大事情。天子自认为是天的儿子，总该去探探天的"旨意"。

---

1 老子"西出函谷关"是更流行的说法。但函谷关在东，大散关在西。进函谷关往西是进秦国，出了大散关往西才出了秦国，"不知所终"似乎更合理。

在当时，史官就承担观测天象的工作，并且通过长年累月的观察，积累了大量的资料，逐渐能够把握天道运行的规律，获得"知天"的能力。

史官所观测到的天道，有什么根本特点？太阳东升西落，月亮阴晴圆缺，四时有序更迭，万物生死枯荣。这些根源性的现象是循环往复的，那么贯穿于这些各异的现象中的共同的天道，也应该是循环往复的。在史官那里，天道就是天运行的规律，是一种根源性的力量，同时具有一种神秘色彩。老子之所以和一般史官不一样，在于他剔除了那些神秘化的内容，并认为天道还不是最根源性的，毕竟其中有形有象。他从天道继续上溯，拎出一个更加形而上的、纯粹的"道"，作为一种真正的根源性的存在。老子的"道"，脱胎于史官的"天道"，但又超越之。老子既源于史官传统，也超越了史官的传统。惟其如此，道家才成为哲学而不是史学。有研究者指出，《道德经》的内容，并不是老子的"原创"，里面有大量先秦史官积累的格言和警句。[1]

这种史官传统，不光要上窥天道，还要下知人道。而人间秩序的至高者，则是"王"。长期管理周王室图籍和档案的老子，有机会看到周王室的历史档案资料，尤其是那些王室秘不示人的资料。尽管周代试图尽量建构一种道德的政治，但基于人性之脆

---

[1] [日]高木智见:《先秦社会与思想:试论中国文化的核心》，何晓毅译，上海古籍出版社2011年版，第249页。

弱与诱惑之巨大，具体的王室政治势必会有不可告人的一面，甚至有肮脏的地方。看看历代宫廷政治的尔虞我诈、阴谋算计甚至刀光剑影，人们也不难想象。作为史官，老子对于这些事情，应该是心知肚明，但不便公开明说。

然而，老子又需要有所表达。可以发现，他所讲的"道"，有时候很像"至高的王权"。比如，至高的王权是凛然乎施加于世间万物的，令人"无所逃于天地之间"，而道是独立不改、周行不殆的，万事万物也不能离开道而存在；至高的王权是孤独、冰冷的，而道是寂兮寥兮的——如果说读《论语》会让人感受到盎然的春意，那么《道德经》则时不时令人感到一股深秋的肃杀之气。更重要的是，《道德经》一上来就说"道可道，非常道"，而至高的王权的运作，恰恰是不可说得太清楚的——就算看得清楚，也不好说清楚，最好保持朦朦胧胧的状态。

当然，不能把二者简单等同。在理想的层面，老子希望至高的王权以及整个政治权力的运作，都能回归基于"天道"的那个更粹然的"道"。

可是，现实政治纷繁复杂，从何回归"道"？老子提出"无为"。

很多人看到老子讲"无为"，于是动不动说自己也要"无为"，其实未必够格。老子讲的"无为"，主要针对的是"侯王"即执政者，而非普通人。作为史官，为侯王提供政治咨询，讲明白政治运行所应遵循的大道，本来就是老子的职权内工作，只不过他大概超越预期地完成了这项工作。因此，《道德经》里面不光有哲学，还有统治技术。

在《道德经》中，道和万物的关系，与侯王和万民的关系，具有内在的"同构性"。道不是万物，而是使万物成为万物的那个条件；侯王也不是万民，而是使万民能够形成内生性秩序的重要保障。道是无为的，而万物是有为的。如果道都有为了，那就是把自己降低到和万物一个层次了，那么万物就失去最高的统一性了。同样，侯王应该效法"道"的精神，做到清静无为，才能从根上保证万民的"有为"。如果侯王太有为，万民就无所适从，反倒不知怎么"为"了，万民也将失去一个和谐统一的秩序。

提到"无为"，一些人望文生义，以为老子思想太消极。这绝非"无为"的本意。老子讲"无为"是"辅万物之自然而不敢为"。此处所谓"自然"是"自然而然"的意思，就是万物的本然状态，不是今天所说的"自然界"。"辅"是在顺应自然的基础上因势利导。"不敢为"不是什么都不敢做，而是不敢自作主张，大包大揽。"无为"恰恰需要执政者俯下身段去明察"万物之自然"，体悟"道"的运行。

老子并不只是在思辨的角度来讨论"无为"的话题的。经常冷眼静观的老子，面对当时乱哄哄的社会，忍不住反思：老百姓为啥饿肚子？因为统治者收走了太多税。老百姓为什么不好管？因为统治者瞎折腾。老百姓为什么连死都无所谓？因为统治者太怕死。正是针对这种状况，老子强调侯王要顺应万民之自然，摒弃一己之私心私利，理解百姓的心理状态，对民众可以帮忙，但不能添乱；可以做事，但不能胡来。

关于"无为"，老子讲了一个很形象的说法——"治大国若烹小鲜"[1]。在烹煮小鱼小虾的时候，不能翻来翻去；治理一个大国，不能胡乱折腾。一大一小，为什么内在的道理一样？因为系统内部的复杂性。小鱼小虾虽然个儿小，但体内该有啥都得有，反倒不好对付。大国内部有复杂的社会协作系统，一损俱损，一荣俱荣，牵一发而动全身，也由不得执政者按照一己私意去横加干涉，惹得社会陷入紊乱。

无为要求权力的自我节制。在老子看来，尽管执政者也是有七情六欲的人，但他手握天下国家之权柄，其欲望所带来的后果会被政治体系放大许多倍，甚至会被别有用心的小人所利用。"无为"的关键，在于侯王即统治者要主动约束自己的私心私利，尤其是要约束自己的欲望。只有这样，执政者才能长久维系自己的统治。

道家以"老庄"并称。尽管二者没有明显的师承关系，但

---

[1] 《道德经》第六十章。

思想上有诸多一致和相通之处。面对一个混乱的社会，作为史官的老子，站在侯王的角度，思考如何让政治秩序和社会秩序回归"道"；而身处民间的庄子，则站在个人的层面，思考个人在乱世如何通过遵循"道"来保全自己，进而立足于"道"来建构一个汪洋恣肆、潇洒自如的精神世界。庄子提出的齐物和逍遥，就是要在精神上超越万物的差异，摆脱外在的束缚，获得精神的自由。

七、法家：严苛的"绩效管理"

和道家一样，法家并无严格组织化的学派团体。众多法家人物分散在不同的诸侯国推动变法。其中影响最大的当数在秦国搞变法的商鞅（约前395—前338）。

在商鞅看来，既然礼乐已经崩坏，既然道德已经沦丧，那不如寻找其他的办法，这个办法就是"严刑峻法"。商鞅搞的严刑峻法，几乎对所有人平等执法。当时秦国太子犯法，考虑到太子是君位的继承人，不方便用刑，于是就拿太子的两位老师公子虔、公孙贾开刀，公孙贾的脸上被刺了字，公子虔也受了刑。后来公子虔甚至因个人犯了其他法被割了鼻子。这两位也是位高权重的贵族，下场尚且如此，其他人一看吓出一身冷汗。

对于老百姓，商鞅之法更是严苛到底。商鞅在秦国的基层组织制度——什伍制度中加入"连坐"条款[1]。一家犯罪，一伍之人受牵连，一什之人必须检举揭发。如果有人揭发、有人没有揭发，那么揭发的人会受到同斩敌人首级一样的赏赐，而没揭发的则会受严厉的处罚——据说甚至会被腰斩。如果胆敢窝藏包庇，按投降敌人论罪——本人斩首，全家罚为刑徒服苦役。

所以，如果犯了罪想要逃跑，后果是全家完蛋，全伍受牵连，这代价总得掂量掂量。就算跑到别的地方，那里的什伍组织也会马上把犯罪者识别出来，因为老百姓巴不得靠告发领赏。

商鞅制定的新法还不准老百姓擅自迁居。本来，秦国和西部游牧民族挨得很近，受游牧习俗的影响，很多人并不肯老实待着。为了防止老百姓频繁外出，商鞅宣布"废除逆旅"，把私营旅馆全部关闭。如果要住官方驿站，需要相应的证件。无证留宿，收留者和入住者都得判罪。让人感慨的是，秦孝公死后，商鞅被新上台的秦惠文王（前356—前311）通缉，四处逃窜之际，想找

---

[1] 什伍制度，是我国古代基层政权组织形式，渊源于西周，产生于春秋，形成于战国，确立于秦。该制度规定，十家为什，五家为伍，什有什长，伍有伍长。什长伍长负责闾里治安，一旦发现形迹可疑者要及时上报。秦国在商鞅变法后，实行什伍连坐法，邻里之间互相监督，互相纠察，一家有罪，什伍连坐同罪。国家通过这样的人身控制，将人们严格地附在一定的土地范围之内。这不仅保证了社会秩序的稳定，也使国家的赋税、徭役、兵役政策落到了实处。

个驿馆歇歇脚，工作人员却告诉他："按照商君的法令，没有证件留客住宿要连带判罪。"商鞅当时感叹"作法自毙"。

这一系列措施，扭转了秦人原本受游牧习俗影响而形成的四处流动的生活方式，让他们牢牢地扎根在土地上。一个老实巴交的秦国农民，只要肯干活，生产的粮食、布帛比别人多到一定的数量，就可以免除徭役；如果一个农民因为游手好闲而穷困潦倒，国家不会可怜他，反倒要将其全家罚为官奴。此外，一家如果有两个以上的成年男子，必须分家，另立户头。于是，成年男子就不能在大家庭的庇护下游手好闲，必须努力从事生产，而国家的税源因此增加了。

为了有效激发小家庭的生产积极性，商鞅还把作为土地国有的阡陌封疆的标识去掉，从而彻底废除井田制，鼓励人们开垦荒地，并承认新开辟的土地归私人所有。为解决劳动力短缺问题，商鞅还招徕附近诸侯国的农民到秦国定居，政策非常优惠：提供地和房，三代免除徭役，不用参加战争。如果来垦荒的，十年内不用交纳赋税。

用连坐把农民固定在土地上，用政策鼓励农民耕种，这一系列组合拳，目的在于"富国"。农民要把收获的大量粮食交给国家。国家再用这些粮食，供给军队上前线打仗。

本来，秦国的风俗是"勇于私斗,怯于公斗"，自己人打自己人。

商鞅颁布法令禁止私斗，用"军功授爵"鼓励秦人对外勇猛作战。作为战士，从战场上拎回来的敌人的人头越多，就越能加官进爵，不仅可以享受一定数额的农户的租税，还可以享有特权。在军功授爵以前，一个人要想获得爵位，主要靠"拼爹"，靠先天的出身。军功授爵意味着，一个人后天的努力从此具有了决定性的意义。

由此，秦国军队的战斗力被大大激发出来。据说，其他国家如果碰到战事，老百姓都愁眉苦脸，很多士兵干脆逃亡跑路；秦国遇到战事，老百姓都兴高采烈，战士们更是摩拳擦掌，因为这意味着加官进爵的机会来了。

这两项政策，合起来叫作"耕战为本"。以耕为本带来"富国"，以战为本则造就"强兵"。由此，秦国在短短十几年间，从一个二流国家，一跃而成为战国强国。

法家本质上提供了一套强力的社会整合体制，通过一系列制度提升社会的整合程度，而这种整合必须有一个收束的基点，那就是君权。法家在思想上的集大成者韩非子认为，对于君主而言，与其寄希望于臣下的忠诚，还不如用术察奸，使其不敢背着君主，结党营私。因此，如何在群臣当中造成彼此间的猜忌和不信任，反倒是君主应该留心的事情。在韩非子心目中，一个理想的君主，不仅要有洞明的心智和强韧的精神，更要有深不可测的人格，仿佛是老子的"道"的化身。事实上，韩非子专门写过研究《道德经》的文章。老子所说的"道",本来就与"至高的王权"很像,但老子不忘以纯粹的"道"去规范王权。到韩非子这里,道转而成为最高权力的化身。作为最高权力的载体,君主同样要做到神秘莫测、冰冷无情,才能保持权威、驾驭臣下。在这种权力结构中,君主是恩威莫测的,没人知道君主在想什么,没人知道下一刻究竟会发生什么,由此造成一种无形的恐惧,造成一种神秘莫测的权势,成为"法"有效运作的保障。其中的矛盾在于:一方面,法应该赏罚分明。法治之下,行为的后果可以被理性预期。另一方面,在中国这个强调世俗生活的文明中,难以找到一个超越性的信仰,作为法的终极依据。因此,法家说的法,其根据只能追到君主这一层。但是,君权本身的运行与维系,却需要保持神秘莫测,需要靠非理性,也就是非法律的方式才能保证。这是一种深刻的吊诡。

这种思路,也给法家人物自己带来麻烦。如果考察法家人物的命运,能得善终者可谓寥寥:商鞅被车裂;韩非子被一杯毒酒结束性命;李斯被腰斩于咸阳市,临死前最怀念的是在老家遛狗的日子。为何这些法家人物不得善终?一方面,法家教君主要恩威莫测,让群臣都搞不清君主的意图;另一方面,法家人物自己却把君主的心思看得一清二楚,但他们自己的身份却是臣,知道得太多了,君主只好请他离开这个世界才能放心。法家虽然学老子，但学得不到家，忘了老子"道可道，非常道"的重要告诫，把本不该说得那么清楚的最高权力的运作，说得太明白，弄得自己一点余地都没有。

法家只顾维护君权，忽略了老子所重视的民众的心理感受，把法建构在人"趋利避害"的心理上。这利用和激发了人性中幽暗的一面，忽略了人性中光明的一面。人性是多么复杂啊！用一种片面的方式，来全面管理如此复杂的人，怎么能持久呢？在法家政治之下，人被当作简单执行法令的机器，排除了道德的因素，缺乏人伦的考量。当法律失去道德的根基，反倒会被品德低劣的人利用，最终造成"劣币驱除良币"的后果。尤其是连坐制度开株连之先河，各种卑鄙无耻、卖友求荣之徒都冒出头来，沐猴而冠。表面看去，好像民风整肃，但实则挖空了道德的根基。秦后来被人称为"虎狼之国"，一方面说明其军事实力之强大，另一方面也显示出其风俗道德的衰落。

八、秦朝：第一个统一的郡县制国家

在法家思想的指导下，僻处西部边缘地带的秦，果然快速实现了富国强兵。经过几代君臣的努力，竟然灭掉东方六国，建立一个气象恢弘、超越前代的郡县制帝国。

著名的日本裔美国学者弗朗西斯·福山（Francis Fukuyama，1952— ）曾说："中国是第一个发展出马克斯·韦伯所说的现代国家的地方。"[1] 初看上去，这个判断令人惊讶。福山依据的是德国著名政治学家和社会学家马克斯·韦伯（Max Weber，1864—1920）提出的判断现代国家的标准——官僚制而不是贵族制，中央集权而不是地方割据，根据能力选拔官员而不是根据出身授予爵位。就这三条来看，中国早在秦朝（前221—前207）就实现了，而西方要到1648年《威斯特伐利亚和约》签订以后，在近代民族国家的建构过程中才逐渐实现，而且其建构的共同体规模还远逊于秦朝。

郡县制并不是秦国人的制度发明。按照分封制，诸侯的土地应该分封给国内的卿大夫。但是，春秋战国以来，灭人之国的事情越发普遍。对于新获得的土地，一些大国就不再分封给卿大夫，而是设置"县"由君主派直属官员去治理，这些官员不能世袭。至于"郡"，一开始地位不如县高。因为县的基础是原来的诸侯国，处在比较繁华的内地，而郡一开始主要设置在边境地区，区域虽然大，但是人口稀少。然而，到战国时期，随着边郡日渐繁荣，有必要在郡下面再设行政单位，用了"县"的名称，于是郡逐渐

---

[1] [美]弗朗西斯·福山：《没有放之世界皆正确的政治制度》，《红旗文稿》2015年第9期。

高于县。郡县制之下，郡县长官一概由国君任免，对民众也实行一定程度的组织化管理。

与郡县制配套的更成熟的官僚制，也在春秋战国时期经历了比较漫长的演化。西周朝廷或各诸侯国的官制，大多由世袭贵族兼任。他们主要从封地获得收入，不需要专门的薪俸。到春秋末年，随着军事竞争的加剧，必须建构更加理性化、科层化的职业官僚队伍，才能实现大规模的人财物资源的调度，支撑起大规模的战争。因此，文官武官开始分工，下级要严格服从上级，官员由君主直接任免且不得由贵族世袭。由于财政来源的扩大，君主也有本钱支付官员的俸禄。当时，官员除了俸禄，也还有爵位，但多半是一种荣誉，很少分封采邑；即便有采邑，也只是享受这些地方的租税，该地的行政权仍然归君主所有。

可见，在秦朝之前，郡县制和官僚制都进行了比较广泛的"地方试点"，被证明更能够加强君主集权、提升行政效率。此时，分封制和郡县制并存。秦朝统一全国后的工作，用强力把郡县制这一既有的制度改革成果全面推向全国，并彻底废除封建制，让郡县制和官僚制成为主导性的制度，进一步加强中央集权。

这种"升级版"的中央集权，需要一个更强有力的权力核心，这就是皇帝制度。该制度是对战国"王制"的发展。皇帝代表公共权力，独享最高的立法权、司法权、行政权、军事指挥权和祭祀权。皇权具有不被质疑的神圣性，一切国家权力都源自于皇权，皇权是最后、最高的裁决者，权力不能分割也不可转让。由此，公共权力与皇权紧密结合起来。皇权若瓦解，意味着公共权力的瓦解和国家的解体，而皇权的重建则意味着公共权力和国家的重建。围绕皇帝而形成的皇帝制度，成为郡县制帝国政治制度的核心。

皇权的实施，依赖更成熟的官僚制。在中央层面，主要是三公九卿制。三公是丞相、太尉和御史大夫，分别执掌民政权、军事权和监察权。丞相下设九卿，分掌具体的行政要务，共同负责全国的各种政务。官僚制贯彻以法治国的原则，法令是政治运行的唯一标准，文书图籍、档案簿记等文本是文吏从事行政活动的基础。所有官员通过考试获得任命，凭功绩获得升迁。

郡县制使得中央和地方之间建立起垂直化的组织系统。郡县设有专门官职，共同负责军民事务。县以下，还设有乡、里、亭等基层组织。这样一来，从中央到地方，逐级建立组织，使得国家权力能够渗透到基层。正是依靠这个组织保障，秦朝建构"大一统"的各项事业，才能有人去落到实处。

这样一个以皇权为核心、以官僚制度为中轴、以郡县制为结构的政治制度，成为后世中国古代政治的"模板"。尽管后世在具体内容上有诸多变化，但这种科层化、理性化的制度精神，这种"大一统"的政治追求,却贯穿中国古代政治之始终。

在封建制下,周天子缺的是"人事权"——地方诸侯国的老君主死了,新君主的具体人选,只要总体遵循宗法制、嫡长子继承制的原则就好,周天子无权过问。只有在违背宗法制原则的时候,周天子才可以出兵干涉。但平王东迁后,周天子的实力越来越衰落,想要干涉也大多有心无力。而在郡县制之下,对于地方官吏,皇帝是有绝对的任免权的。早上任命下去,晚上想起来不对,收回成命就是,官吏们不敢说半句二话。与相对松散的封建制相比,郡县制在中央和地方之间建立起垂直的官僚体系,央地关系更加紧密,极大地提升了大一统国家的制度效能。

九、"大一统"是一项系统工程

国家统一是一个复杂的工程。如果在政治层面把人们聚合在一个框架下,但内部各个地方不能互通有无、相互往来,那么只能形成一种机械的联系,而难以达成内部的有机团结。为此,秦朝从经济、社会以及交通、文字等各个方面加强整合力度,构建了"大一统"的系统工程。

第一,通过统一度量衡,实现经济整合。

战国时代,各国大都有自己的货币和度量衡——就是计算长度、体积和重量的单位，相互换算来换算去，交易起来非常麻烦。秦朝统一之后，把秦国的货币和度量衡推向全国。当大家用一个共同的度量衡标准，交易成本可以极大地降低，更大范围的市场网络才能有效建构起来。

第二，通过编户齐民，实现社会整合。

在封建制之下，一个具体的民众并不直接从属于周天子，而是从属于某一层级的封建领主。他只需要对自己所属的领主承担"纳税"的义务，方法是到井田中的公田里去劳动，公田的收入归这位领主。周天子同样作为领主，其收入主要来自"王畿"的井田。中世纪欧洲有一句话，叫作"国王只靠自己领地上的租税过活"，倒也适用于周天子。尽管周天子和诸侯之间有一些赏赐与进贡之类的经济往来，但没有固定的赋税上的联系。国君和下面的卿大夫的关系，也以此类推。

早在商鞅变法的时候，秦国就确立了编户齐民的制度。在商鞅眼里，大家族是国君权力的障碍。所以，商鞅规定，只要家里有两个男丁，就必须分家，否则赋税加倍。一个村子里面必须是杂姓，不能同姓聚居。所有家庭都由政府登记造册，这叫"编户"。所有人对国家的义务大致相等，这叫"齐民"。如此一来，国家掌握基本的人口以及土地归属信息，进行数据管理，税收才有基础。秦朝统一后，"编户齐民"全面推行，整个社会得到有效的整合，中央政府也极大地提升了自己的财政汲取能力。

第三，通过车同轨，实现交通整合。

经济的往来，依赖发达的物流网络，而道路是该网络的重要基础设施。春秋战国时期，各国留下的道路标准不一样。秦朝规定，所有的车辆，不管是皇帝的车驾，还是大夫的车驾，还是传递文书的车辆，两个车轮子之间的距离必须一模一样——六尺。否则属于违法上路，会受处罚。规定了车轮之间的距离，进而规定道路的宽度。秦朝以咸阳为中心，呈"米"字形建构了一个辐射全国的道路交通网络，为经济交流奠定了良好的物流格局。有专家根据考古遗迹认为，秦始皇当时建的驰道，铺有和今天铁路类似的木头轨道，能够使马车上去之后，车轮子沿着轨道飞驰，极大地提升行驶速度。

交通对于国家统一具有特殊的意义。今天，中国高速公路和高铁的里程双双世界第一，最根本的动力就在于超大规模国家内部各个部分之间人财物力的有效交流与融合。惟其如此，才能形成一个越来越紧密的共同体。

第四，通过书同文，实现文字整合。

秦朝以前，各个大诸侯国都有一套自己的文字系统，有些字大同小异，有些字差异不小。秦朝规定，废除六国各异的文字，以秦的小篆为标准用字，实现"书同文"。[1]

今天，湖南出土的里耶秦简，总共有3.6万多枚，20多万字，内容多是官署档案，其中有大量县府和朝廷以及其他郡县之间的往来文书，很多细节内容甚至超乎人们的想象。

书同文在政治上的意义是不容低估的。在封建制之下，虽然有个统一的周天子，但诸侯们基本上各自为政，在"天下"范围内的政令传达，并不是最迫切的。但是，当郡县制在疆域如此广袤的"天下"全面推行，如何强化中央和地方的联系，就是一件非常要紧的事情。这需要保证中央和地方之间文书系统的畅通。如果秦朝皇帝从咸阳发出一道政令，到了各地还要转译成当地原来诸侯国的文字，不光行政成本太高，还容易导致地方分裂势力的抬头和反弹。而统一用秦的小篆，不仅能提高行政效率，而且能防止地方分裂。

中国这套以象形为基础、以表意为特征的文字系统，从秦朝开始逐渐固化下来。尽管汉字在后世经历了复杂的演变，但基本的字形、结构却一直保留至今。汉字和西方拼音文字最大的不同，在于"文字不跟着语音变化"。

相比于文字，语音是极容易发生变化的。一方面，随着地理

---

[1] 在现实中，出于简便实用，人们也使用其他字体，比如秦隶。

距离的增加，会有方言的形成。今天，中国各地仍然有很多方言。尤其是一些南方丘陵地带，往往翻过一座山头，方言都不一样。但是没关系，只要经过三五年私塾教育的简单训练，把意思写成文字，大家大都能看懂。这就为中国人共同精神世界的形成，奠定了底层的操作系统。西方早先本来用拉丁文，至少贵族阶级还能有一个共同的语言。但是后来民族国家兴起，各种"方言"独立成一门语言，再用拼音文字一一写出来，相互之间要想再能看懂就比较麻烦。木已成舟，再想统一就难于登天了。西方有所谓"巴别塔之乱"，据说上帝用变乱语言的办法使得人类不能齐心协力造通天塔。中国人竟然通过表意的汉字系统，以大一统王朝的力量，克服了广袤地域内的交流障碍。

另一方面，随着时间的流逝，即便同一门语言，其语音也会产生较大的流变。现在的英国人，很难读懂莎士比亚（William Shakespeare，1564—1616）当时写的戏剧的原文，必须经过现代英语的转写。因为他所使用的古英语，和现代英语差别实在太大。同样，中国的语言在发展过程中也有上古音、中古音、近古音的巨大差别。但是，中国人却从小就能读三千多年前的《诗经》，读两千五百年前的《论语》，感受这个古老文明的温度与厚度。对于世界上绝大多数文明而言，这几乎是一件天方夜谭的事！对中华文明而言，这是保持其几千年连续性的重要支撑。秦朝固化下来的汉字，为中华民族在精神世界中修筑了一条更加经久耐用的"高速公路"。

秦朝从政治、经济、社会、交通、文化等方面，基本建构起大一统工程的各个维度。在此后的中国历史中，即便也会遭受分裂，但这套框架和蓝图确保了恢复统一的巨大可能性。事实也正是如此。

十、汉朝：董仲舒与儒家的"上位"

不过，秦朝的大一统工程缺少了"文化整合"这个重要的维度。秦朝推行"焚书坑儒"，试图通过简单、直接、粗暴的方式来平整人们的精神世界。这种方式难以完成文化的整合，毕竟人的精神世界是如此丰富而立体。

这个重要任务，留待汉朝完成。

不妨回顾一下前面讲过的诸子"上位"的过程。秦国奉行法家。法家是一剂猛药，能够指引秦国富国强兵，一统六国。但和所有的猛药一样，法家的"毒性"也是很大的，比如前面说过的不近人情，所以陈胜（？—前208）会喊出那句"天下苦秦久矣"[1]，

---

1 《史记·陈涉世家》。

那是当时天下百姓共同的心声。所谓"苦",恰恰说的就是人们在情感上对秦朝统治的反应。

汉朝建立之后,运用黄老之术,注意轻徭薄赋,休养生息。当时,大乱之后,人心思定,老百姓都知道稳定、和平不容易,都希望好好种地、踏实过日子。更重要的背景是,大乱之后,人口在战争中锐减,所以人少地多。土地有的是,缺的是人。所以,用黄老之治与民休息,用轻徭薄赋鼓励生产,汉朝的经济很快就能恢复,甚至出现"文景之治"的盛世局面。

但是,盛世也有隐忧,因为有钱恰恰会带来分化。在上头,不光中央政府有钱,而且各个王国也有钱,有钱意味着有兵,有兵就不太听招呼,甚至发动叛乱。中央政府奉行的又是"黄老之治",软绵绵的"无为"或不干涉,根本管不住现实中的这些野心家,最后没办法只好被动应战,差点阴沟里翻船。在下头,经过几十年的休养生息,人口在安定和平的环境下逐渐增加,人和地的关系就调转过来,变成了"人多地少"。缺的是地不是人,人就会因为争地而闹矛盾,这就是"土地兼并"。本来,大乱之后,大家都一样穷,贫富差别不大。但是,随着经济发展,富人越来越富,成为地方上的豪强,而穷人相对更穷。贫富差距越来越大,社会矛盾逐渐尖锐。在这种情况下,政府再要搞"无为",再不积极出手干预经济和社会,那就会有地方"黑社会"来填补社会治理的真空,替豪强欺压、摆平那些贫民,成为汉朝基层社会的一大毒瘤。

汉朝建立七十多年,轮到第五位正式的皇帝汉武帝(前156?—前87)登场了。面对盛世的积弊,雄才大略的汉武帝思考的是一个更根本的问题:已经过了七十年了,如何还能确保大汉朝避免以前王朝覆灭的命运,能够长治久安?

他向天下读书人征集问题的答案,最后和儒家的董仲舒(前179—前104)一拍即合。董仲舒的核心思路,是论证皇帝的权威来自上天。这个论证是一把"双刃剑",带来两个结果。

一方面,因为皇权获得上天的保障,所以民众必须服从皇帝的治理。潜台词是,那些想要造反的野心家,那些横行霸道的豪强,都得明白头顶还有一个最高统治者,叫作"皇帝"!只有把唯一的皇权充分彰显出来,才能弹压住千万颗蠢蠢欲动的心,才能控制住矛盾,维持住稳定。须知"民"也是有差异的,只有让少数作奸犯科的"民"规矩老实,更多的"民"才能踏实种地。

另一方面,因为皇权来源于上天的赐予,所以皇帝必须服从上天的约束。在董仲舒那里,天是有意志、有情感的最高人格神,是所有神灵的君主,主宰着神灵世界和人间世界的秩序。但是,作为儒家的董仲舒又对天赋予了德性,认为天作为万物的源头,以仁爱之意保障天下万物的生长化育。所以,和殷商喜怒无常的

"上帝"有所不同的是，天具备仁慈、正直、无私等美好德行。皇帝作为天的"儿子"，必须遵循天道，保持美好的德行，承担起爱民、保民、教民的责任，才配得上天命。

董仲舒和皇权做了一个不错的"交易"：通过我的理论，用"天"来增强君主的权威，帮忙把君主抬得高高的；但是，我还要用同样的"天"来给君主套上"紧箍咒"。

在董仲舒的著作中，有一些奇怪的"论证"：人有三百六十六个小关节，就好像一年有三百六十天；有十二个大关节，就像一年有十二个月；人有五脏，天有五行；人有四肢，天有四时。人有喜怒哀乐，就像天有春夏秋冬。[1] 其实这些说法并不是"论证"，更像是董仲舒推广自己学说的"广告词"，比如让人印象深刻罢了。通过这种直观类比建构起"天人相感相应"的印象后，他要说的是下面的事情：君主如果按天道实行仁政，天就"降符瑞"以示嘉奖，比如某地出现麒麟、凤凰之类；君主倘若背离天道，不实行仁政，天则会"降灾异"以示谴告，比如地震、冰雹之类。说白了，他就是要通过这种"封建迷信"的方式，哪怕天不会张嘴说话，也要给他一个表达自己意思的渠道，以便请他老人家来教训、约束自己那可能不听话的儿子——天子。今天，我们实在不好意思用后来者的眼光去苛责董仲舒，在汉朝注重神秘

---

[1] 《春秋繁露·人副天数》。

文化的思想氛围中，这大概是他能够运用的、最有效的约束皇权的手段了。

董仲舒在上天、皇帝以及民众之间建构了一个环环相扣的平衡系统。平衡，正是政治的重要内容。中国有三个重要的建筑。一个是故宫，原来叫紫禁城，在那里，所有臣子都要给皇帝行礼，这代表了皇帝的权力；一个是天坛，在那里，原本高高在上的皇帝，却要给昊天上帝的牌位行礼，甚至下跪，这反映了上天的权威；最后一个名气没那么大，但是地位重要，叫作古观象台，是一些专职官员观测天象的地方，这象征的是天道和人事之间的密切联系。

十一、教化的展开与风俗的养成

在政治领域，董仲舒讲了很多"封建迷信"，感觉有阴阳家的做派。但在社会领域，他注重的是道德教化，这是正宗的儒家路径，和孔孟并无根本的区别，都主张靠教化而非刑法，来养成良好的社会风俗，减少社会治理的成本，实现长治久安。

汉代初年推行黄老道家的无为而治，在制度上不做大的变动。所以，汉初在政治上继续沿用秦朝的主要制度，而秦制是"有毒"的。比如，汉文帝时小女子缇萦为救被诬陷的父亲，上书汉文帝，抨击肉刑的弊端，汉朝才废除承袭自秦朝的肉刑。秦制被大范围保留的局面必须改变，国家才能走上正轨。董仲舒给汉武帝的方案是改变严苛的刑法，用道德教化进行社会治理，试图收到更好的效果。

社会教化需要组织依托，因此学校就非常重要。董仲舒建议设立太学以及各级学校，因为太学是培养贤士的地方，而贤士是社会教化的承担者。问题在于，汉初黄老政治的"无为"，在思想意识形态方面也放任自流，各种思想在太学中都有传承，缺乏一个主流的意识形态，也就缺乏用正能量去引导和教化老百姓的士人。为了确立儒家思想的指导地位，进而培养出教化百姓的合格士人，董仲舒试图改革学校。在当时的最高学府太学中，他建议不再给诸子百家设立博士，只设立儒家的博士。儒家拥有最完整的学科建制和科研经费，得到制度和财政的大力扶持。诸子百家相当于没有学科建制了，但是，他们仍然可以在民间自由授徒，搞搞民办教育，朝廷并不会横加干涉。诸子百家的思想，也未必在太学中真就销声匿迹了。因为思想是不断交融互鉴的，董仲舒时代的儒家，和先秦的孔孟不同，已经融合了道家、法家、墨家、阴阳家、名家等主要流派的有益成分，成为一种综合性更强的思想，只是在内核上仍然尊重孔孟的仁政、德治等主张。

今人多以儒家为专制之帮凶，但二者关系极其复杂，既有"相爱"的一面,也有"相杀"的一面:儒家论证皇权的合法性或合德性,皇权为儒家提供体制的支持;儒家想尽办法约束专制权力的过度膨胀,而皇权也会压制儒家反抗专制的内容。

元代学者曹元用(1268—1330)总结说,如果不靠帝王主导的政治的保障,孔子的教化不能广泛传播;如果没有孔子倡导的教化的作用,帝王主导的政治难以养成良好的社会风俗。如果教化不能广泛传播,并不会对大道有所损害;但如果政治方面缺乏良好的社会风俗,必定会对国家造成危害。

养成良好的社会风俗,是儒家的重要功能。儒家确立意识形态上的主导地位后,如何进一步走向社会?如何形成"核心价值观",让人们易懂易学?汉代的做法是对民众进行道德教化,建构起一套上下有序的伦理纲常。这套伦理纲常的重点,并不是后世所理解的是对民众的压制,而是妥善处理家国共同体内部的各种关系,为关系中的双方赋予道德义务,保证在上位者承担更大的责任,保证在下位者以大局为重并享有基本的尊严。一句话,大家都要从家国共同体的大局出发,去把握、调整各个关系的"度",去防止某一方"过度"。

从董仲舒开始,经过儒者、社会和朝廷的共同努力,儒家的道德教化逐渐浸润整个社会。司马光曾感叹,从儒家推崇的夏、商、周"三代"以来,东汉的社会风气是最优美的。这正是长期道德教化结出的果实。

秦朝大一统体系所缺乏的"文化整合"的维度，终于被汉朝补齐。

十二、一个对比：秦汉与罗马的整合程度

在秦汉时期，中国在政治上形成"儒法合流"的趋势。儒家倡导的道德教化和法家倡导的严刑峻法，往往交互使用。毕竟人性非常复杂，其中既有善端也有恶念。面对人性中的恶，诉诸刑罚是一条现实路径。但是，中国人更愿意相信的还是"人性善"，希望通过道德教化鼓励人弃恶扬善，做个好人。汉宣帝（前91—前48）认为，汉朝的制度实际上就是法家的霸道和儒家的王道的有机结合。这是一个有见地的观点。前者实现政治整合，后者实现文化整合。正是这种结合，让后世中国经常能够长期维持稳定。

比较同一时期的秦汉帝国和罗马帝国，更能把握秦汉帝国的特点。

一方面，罗马帝国的政治整合不如秦汉帝国。罗马帝国实行行省制，也是一种央地的结构。可是，罗马帝国的行省机构设置太过简单：总督是最高长官，下面有一些财务官、副将、执行吏

等等，其复杂程度和秦汉帝国的郡县远不能相比。[1] 在行省一级以下，罗马帝国没有设立行政机构，只是与当地原有势力签订条约，取得合作，以宗主国的地位，依赖驻军来控制属地。[2] 有的属地只需向罗马缴纳当地资源，自身依然拥有相当大的自主权，原有的统治阶层基本保持着原有的地位，没有受到很大影响。这种殖民地和宗主国上层之间的结合，使罗马帝国成为一个松弛的复合体，内部的整合性远不能和实行郡县制的秦汉帝国相比。[3]

另一方面，罗马帝国的文化整合也不如秦汉帝国。罗马以军事力量控制庞大帝国，并不存心以教化来浸润社会，建立核心价值观。但武力是一把双刃剑。时间一长，分成各地的罗马军团亲近自己利益所在的戍地，对宗邦故国的忠诚度就打了折扣。一些地方的强藩，时常率领军队打回首都争夺皇位，甚至有一年出现了四个皇帝的情形。罗马帝国长期未能摆脱军人专政的痼疾。另外，罗马帝国的拉丁文为拼音文字，帝国与属地的上层阶级都能读拉丁文，一般不识文字的基层百姓仍持其故有语言，拉丁文也

1　参见瞿林东主编，刘家和、易宁等著：《历史文化认同与中国统一多民族国家》（第五卷），河北人民出版社2013年版，第201—204页。
2　参见许倬云：《万古江河：中国历史文化的转折与开展》，湖南人民出版社2017年版，第162页。
3　参见许倬云：《中西文明的对照》，浙江人民出版社2016年版，第87页。

就不能为教化工具。[1] 相比之下，秦朝做到了"书同文"，汉朝不仅通过儒家对皇权进行强化和约束，还顺应社会结构的变化，让儒学在基层一步步扎根。

与秦汉帝国相比，罗马帝国缺乏有效的政治和文化整合手段，过度依赖武力的统治，在秩序的稳定性、文明的凝聚力上都不如秦汉帝国（尤其是汉帝国），严格说来只是联合体而不是统一体。罗马帝国解体之后，欧洲及中东、北非裂解为多文化、多族群的列国体制，再也不能回到罗马帝国建构的政治格局。[2] 相比之下，中国的大一统格局经历过有效的政治整合与文化整合，具有深厚的文化根基，即使出现一时的分裂，仍然能够重建统一的国家，通过分别源自法家和儒家的制度和文化的双重力量，维系住大中华的"同心圆"格局。

---

1 参见许倬云：《万古江河：中国历史文化的转折与开展》，湖南人民出版社 2017 年版，第 162—163 页。
2 同上，第 165 页。

第四章　唐宋之间的变化

豪族社会的终结与平民社会的兴起

日本学者内藤湖南（1866—1934）认为："唐代是中世纪的结束，而宋代则是近世的开始。"[1]他明显把唐宋作为一个转折点。这个转折有一个重要维度，就是从豪族社会到平民社会的转变。汉朝中后期兴起的豪族，从政治、经济、文化甚至军事等方面掌控社会资源，切割了中央政府的财政收入和治理效能，加剧了同心圆结构的内部离心力。最终的结果是大一统格局的崩溃，是长期大分裂时代的来临。这可以说是中华文明集中面临内部地方利益集团离心力威胁的时期，也是中华文明集中学习如何与草原文明相处的时期。几百年交往交流交融的结果，是将草原文明"化外为内"，并靠新生的融合性力量造就出更加气势恢宏的大一统格局——隋唐。隋唐通过科举制度解决了豪族垄断官位的问题，化解了内部利益集团的离心力。而在思想文化方面，这一时期先后面临佛教和商品经济的挑战。在交流激荡中，佛教通过中

---

[1] [日] 内藤湖南：《概括的唐宋时代观》，载刘俊文主编：《日本学者研究中国史论著选译》，中华书局1992年版，第10页。

国化而实现自身的落地生根和发展壮大，宋代理学在佛教虚无主义的冲击下重建了儒家生活方式的坚实哲学根基；明代的阳明心学，则在人们普遍欲望膨胀的情况下，用儒学来安顿人们的内心。理学和心学在各自的时代都努力去组织平民社会，做出了宝贵的探索。

一、豪族社会的兴起及其影响

在郡县制之下，中央政府原本希望打散大家族，通过编户齐民去重组社会，以便提升自身对基层的控制力。但是，辗转到汉代中期，豪族又在社会上逐渐兴起。

其中的原因很复杂，不妨从汉代的一块画像石砖讲起。其名叫作"二牛抬杠"——两头牛，脖子上抬着"杠"，杠的中点连着后面的铁犁，被农夫驱赶着耕田。据目前的出土文物显示，这种铁铧普遍长、宽25—30厘米，高8—10厘米，而一副大型犁铧往往需要两头以上耕牛拉动。我国的牛耕据说出现于春秋晚期，但技术的推广和进步有一个过程。这种大型铁铧，要等到汉代前期才得到比较广泛的运用。不过，在当时的技术条件下，"谁来用"成为一个问题。当代学者柳春藩（1928— ）综合了《汉书》《居延汉简》等相关文献资料，替汉代的自耕农家庭专门算过一笔细账。用一年的收入刨去支出，余钱所剩无几。在西汉的技术条件下，因为大型铁器的成本居高不下，这种先进农具不是一般的自耕农家庭能够装备得起的。谁能买得起呢？汉代初年，朝廷推崇黄老的无为而治，一大帮农民埋头种田，还有一部分人从事工商业，乘着"无为而治"的东风发家致富。但是，当时毕竟是以农业为主，剩余资本势必投资到农业当中。于是，靠工商业先富起来的这帮人，不仅买田买地成为大地主，而且投资这种先进农具，提高生产效率，降低人力成本，在农产品市场上获得比较优势。他们还招募一些在人头税压力下生活窘迫的农民作为佃农，并进行更为妥善的人力资源配置，逐渐形成豪族的庄园。

就税收制度而言，按田亩收税是一个理想的方式。可是，在当时的技术和人力限制之下，很难大规模丈量全国土地面积并登记造册，所以很难全面征收土地税。于是，汉代放弃土地税，主要征收人头税。如果像汉代初年那样，大家都一样穷，征收人头税问题不大。但是，随着经济发展、贫富分化，再按照人头交税，富人和穷人交一样多的税，显然就不公平了。对穷人来讲，还不如"躲进"豪族的庄园，索性当个"黑户"，把户口隐匿起来，给富人交点租子，反倒比交给国家的人头税要少得多。

于是，豪族的庄园不断做大。根据史书的记载，有些大型的庄园，良田千顷，牛羊成群，里面小桥流水、景色优美，还设有相互交易的市场，甚至还有自己的私家军队，俨然一个个独立王国。好不容易打掉的封建制，竟然换了一身马甲又回来了！

郡县制帝国希望"一竿子插到底"，但豪族横在朝廷和百姓之间，使得这一杆子插了一半就插不动了。面对豪族这个"大一统"政治的"肿瘤"，皇权自然不愿意坐以待毙。汉武帝曾经任用酷吏对一些势力强大的豪族进行肉体消灭，或者强制性地搬迁一些豪族去守皇陵。一番"放疗""化疗"下来，结果豪族却是"野火烧不尽，吹风吹又生"。王莽篡位后，曾经发布一纸命令，宣布全国土地收归为"王田"，在国有化之后平均分给每家每户。但这个在当时太超前的方案，导致豪族的联合反抗，王莽旋即败亡。刘秀建立东汉后，在吸取上述历史教训的基础上，转而采用"自然疗法"。他鼓励豪族子弟学习儒家经典，再通过察举制度把豪族子弟收到体制内，给他们一条光明正大的出路。刘秀规定，要想进入官僚体系，不仅要学习儒家经典，还要学习文法吏术，熟悉政治事务。刘秀的努力，是用文化的力量、体制的吸引力去化解对立面，甚至在相当长的时间内把"肿瘤"变作一个"良性的器官"。

不过，随着时间的推移，豪族社会的弊端也越来越显现出来。

从汉武帝"推明孔氏"开始，儒家经典成为选择官员的重要依据。儒家经典是要有载体的。连纸张都要等到东汉才被发明，且长期未能普及，印刷术就更遥远了。当时，绢帛毕竟太贵，书主要是靠人工手抄在竹简上。而识字的人又不多，人力成本就居高不下。书籍太贵，一般家庭很难买得起。对豪族而言，买书并不难，请人来教书也不是难事。在朝廷文化政策的导向下，一代一代豪族子弟研究儒家的学问，逐渐垄断文化资本。

豪族子弟接受教育之后，最大的出口是做官。汉朝实行的察举制度，魏晋实行九品官人法，主要靠地方官向中央政府推荐当地优秀人才。可是，当社会总体上演化成豪族社会，一个孤零零的地方官要想在一个地方施展得开，必须依靠当地的豪族。他还要靠豪族提供的好处，来弥补豪族社会背景下中央财政萎缩导致的俸禄缺口。另外，当时的"群众评价"即"乡里清议"也逐渐把持在豪族手中，舆论总体上偏向豪族子弟。慢慢地，地方官推荐上去的人大部分是豪族子弟，豪族逐渐成为官僚队伍的主流。换句话说，豪族世世代代垄断了国家的政治权力。

总之，以庄园经济为基础，豪族进一步垄断了文化资本和政治权力。他们甚至还掌握了数量巨大的私人武装。到东汉末年，皇权进一步衰落，各地军阀割据。可怜的汉献帝沦为"挟天子以令诸侯"的一个筹码。堂堂的天子，最后竟然被曹操挟持到自己的地盘许昌，成为不折不扣的傀儡。

二、魏晋南北朝：大分裂时代

各自寻求自保的豪族，削弱了大一统国家的向心力。东汉最终被曹魏取代，而曹魏很快又被西晋篡夺。中原王朝在纷争中走向衰败，而从北方草原南迁的一些少数民族趁机起兵建立政权，西晋灭亡。

西晋亡了，豪族势力还在。一帮豪族跑到江南，在同属于琅琊王氏的王导（276—339）的带领下，扶持司马睿（276—323）建立了东晋。司马睿本来是司马家离正根很远的一个旁支，原本根本没资格做皇帝，孰料被天大的馅饼砸中，但这皇帝做得也够窝囊。据说，在他登基的时候，特意把站在前排的王导拉到御床前面，两人手拉手一起接受群臣的朝拜。司马睿就剩个血统，朝廷的主要班底都是老王家的。东晋立国的格局，叫作"王与马共天下"。"马"指的是皇帝的司马家，竟然只排第二位，作为臣子的老王家竟然排第一！这是东晋政治的一大特征，叫作"门阀政治"。初期掌权的是琅琊王氏，此后有颍川庾氏，谯郡桓氏等豪族，依然是庾、桓等豪族与马"共天下"，司马家不过是"万年老二"而已，沦为门阀政治的一个装饰品。

不过，这些门阀为什么不取司马氏而代之呢？因为各大门阀差不多势均力敌，谁出头谁是众矢之的，不如闷声发大财，得其实而遗其名，把有血统优势的司马家奉为吉祥物，大家相安无事。

"王与马共天下"一语最大的漏洞，是"天下"二字。因为东晋只占有半壁江山，北边的中原被南下的少数民族占据，整个"大一统"遭到严重的破坏。北方游牧民族初到中原，一方面成分芜杂，谁也不服谁，另一方面统治方式比较落后，无法维持长期的稳定，于是北方乱成一锅粥，政权像走马灯一样频繁更换，这就是所谓的"十六国"。十六国持续一百多年，中间只有前秦短短统一北方数年。后来，统一北方的北魏很快又分裂为东魏和西魏，继而北齐取代东魏，北周取代西魏，北方再度分裂。过了二十多年，北周才灭北齐统一北方。

接着说南方。虽然有了皇帝这个吉祥物，但门阀士族之间为了上位，还是内斗不止，甚至发生叛乱。门阀士族内部无法持续产生足够的军政人才，寒族出身的刘裕（363—422）在平叛中趁势崛起，最终取代东晋建立刘宋，南朝开始。前后经历宋齐梁陈四朝，基本上是寒族出身的军事将领不断抄作业，篡位上台。南朝时期，在皇权的有意控制下，门阀士族在政治上逐渐失势，但在经济和社会方面仍然保持着不容小觑的影响力。

在北方，隋取代北周，并在589年灭掉南方的陈朝。如果从220年三国时代算起（西晋统一实在太短，且有八王之乱），大分裂的时代竟然持续了369年。就算从317年西晋灭亡算起，其时间也有 272 年。

持续两三百年的大分裂，本身是豪族社会的伴生物。豪族要保护的是自身的局部利益，于是中央集权的郡县制国家治理体系逐渐失灵，不能"一竿子插到底"，治理能力就打了折扣。中原豪族各自为政、彼此相争的结果是，无法组成强有力的国家力量去抵御北方游牧民族的纷纷南下，最终只好往南撤退，勉强自保。北方游牧民族因为彼此相争，且面临和北方汉人的矛盾，也无法灭掉南迁的汉人政权，于是双方以江淮为界形成大致的力量平衡。这种分裂的局面，遂得以延续几百年的时间。直到随着社会的演进，一些要素发生了变化，这种力量均衡才最终被打破。

三、隋唐：融合草原与农耕

著名学者陈寅恪曾下过一个断语：

> 李唐一族之所以崛兴，盖取塞外野蛮精悍之血，注入中原文化颓废之躯，旧染既除，新机重启，扩大恢张，遂能别创空前之世局。[1]

这个判断，大概对隋朝也是适用的。其中的关键点，是"塞

---

[1] 陈寅恪：《陈寅恪集·金明馆丛稿二编》，生活·读书·新知三联书店 2001 年版，第 344 页。

外野蛮精悍之血"对"空前之世局"的重要意义。隋唐皇室家族原本是北方长期民族融合的结果，其少数民族血统甚至超过汉族血统。这个"空前之世局"，就是隋唐所缔造的、气象超迈秦汉的大一统格局。

在此前的大分裂的时代，北方草原的少数民族的文化保留了人类质朴的激情；南方农耕区原来的汉族文化日益走向精巧的形式。前者的弊端，在于原始带来的野蛮；后者的弊端，则在于老成带来的保守。当少数民族初入中原，原有的"野蛮"一面，造成彼此争斗不止，社会动荡不安。而农耕区的文明，在退守江南之后，日益腐朽衰败，缺乏文明的活力。

随着时间的推移，北方日益走向民族之间的交流与融合。不光少数民族之间如此，少数民族和汉族也如此。比如，前秦皇帝苻坚（338—385）重用寒族汉人王猛（325—375），并按照其建议采用儒家礼仪和中原官制。北魏道武帝（371—409）吸取之前胡人政权的成败经验，最终统一北方，并吸收没有南渡的中原汉人豪族进入政府。正是在初期交融的基础上，乃有北魏孝文帝（467—499）的汉化改革——虽说是"汉化"，本质上是草原文明和农耕文明的融合。只有二者融合，才能做到"文质彬彬"，让新的文明既能约束野蛮，又能克服僵化；既能充满活力，又能张弛有度。更具有根本意义的是不同民族彼此的通婚。交往既久，通婚几代，你中有我、我中有你，大家成了一家人，原有的民族界限逐渐趋于消泯。以民族为区分的争斗，逐渐失去必要性。而当北方不同民族彼此都能通婚的时候，南方的高门大姓却严格坚持"士庶不婚"的原则。尽管同属于一个民族，却因为彼此阶层不同而禁止通婚。东晋灭亡后，皇族司马楚之（390—464）投奔北魏，迎娶鲜卑女子河内公主，生下汉、鲜卑混血儿司马金龙（？—484）。而南齐时，门阀世家的王源把女儿嫁给富阳满氏，却被同样出身门阀的大学者沈约（441—513）上奏弹劾，说此事骇人听闻，请皇帝把王源禁锢终身。在北边，民族的隔阂不是问题；在南边，阶层的划分反倒要紧。早在周代就有的"同姓不婚"背后有生物学上的道理和政治上的考量，门阀士族的"士庶不婚"实在是开历史之倒车了。

在北方，北魏分裂为东魏和西魏，实际控制者分别是鲜卑化的汉人高欢（496—547）和汉化的鲜卑人宇文泰（507—556）。占据关中、陇西的西魏，实力远不及占有华北平原和淮河流域的东魏，以及处在江南的南梁。正是这种巨大劣势，反倒逼迫宇文泰把统合手段发挥得恰到好处。为了团结各方势力，他借着《周礼》六军的名义，结合鲜卑部酋长制，设置八柱国（其中，宇文泰是柱国之首，地位超然；皇族元欣[491—556]只是挂名，所以实际军队是六军），下面还逐级设有大将军、开府、仪同。

每个柱国互不统属，独立开府统军。这类似于"军事股份制"。"股东"都是哪些人？北魏皇族就算被架空了，也得有一位代表；当年随宇文泰的老东家一起入主关中的老部将，是宇文泰的基本盘；关中、陇西本地的豪族，有数量可观的私人武装，以前宇文泰看不上眼，现如今捉襟见肘得征用，也得给那些有名望的人封官许愿，而柱国就是当时最大的官，位在三公之上；最后，来自敌人的起义将领也得适当照顾。就这样，各个方面的积极性被调动起来，尤其是鲜卑贵族与关陇汉人豪族实现联合，大家一损俱损，一荣俱荣，结成一种"命运共同体"，叱咤风云的"关陇集团"由此形成。那些来自草原的军事贵族，在这个过程中也慢慢转化为当地声望显赫的豪族世家。

柱国系统的基石，则是宇文泰创立的府兵制度。府兵的兵源来自中等以上人家，当兵是他们自己获取功名的途径，无需也没有强迫，地位比平民要高，可以受田但不用交租税。主将对于部属，从血缘关系上说是宗长（士兵改姓主官的鲜卑姓氏），从部落关系上说是酋长，从军队关系上说是长官。北周的府兵为自己而战，且训练有素，官兵团结，积极性很高。加上柱国系统的组织优势，府兵制在当时极具活力，后来为隋唐继承。相比之下，南朝沿用的是古老的世兵制。世兵的主要来源，受制于社会等级和门第观念，主要是地位低下的私兵、部曲[1]、降卒和罪犯，是比平民地位低、近似于奴隶的一拨人，他们因家属被扣为人质，被迫世代当兵。他们既要承担兵役，还要承担田租。由于被迫当兵，待遇极差，所以南朝的世兵大量逃亡，军队军心涣散，战斗力较差。

没有对比就没有伤害。西魏及其继承者北周，通过一系列措施形成一股强大的"向心力"，而旁边的东魏及北齐，则在数代昏君暴君的奇葩统治下内部残杀，离心离德，把一手好牌打得稀烂。南朝则受制于门阀士族"各自为政"的社会结构，各有各的小算盘，于是朝廷不能一致对外。虽有一些英雄人物如祖逖（266—321）、桓温（312—373）、刘裕等人不断北伐，甚至兵锋直指长安、洛阳，"气吞万里如虎"，奈何这帮业已在血统封闭中衰朽的门阀士族，只满足于偏安一隅的眼前利益，内斗内行外斗外行，弄得英雄们前方打仗，后院起火，只好草草收场，先回去保命要紧，于是把抢回来的好牌又匆匆丢掉。

确实，合力为王。起自多元文化交汇的大兴安岭的鲜卑族，在统合方面颇具特长。先是北魏孝文帝改革，实行鼓励民族交融的政策，虽然短时间内确实有反复，但长远来看意义重大。此后西魏权臣宇文泰用灵活的手段把各民族、各阶层的力量有效统合

---

[1] 部曲在汉代本是军队编制的名称，大将军营有五部，部下有曲。"部""曲"联称泛指某人统率下的军队。后经历复杂的演变，到魏晋南北朝时主要指家兵、私兵，隋唐时期指介于奴婢与良人之间属于贱口的社会阶层。

在一起，对后世影响至深。宇文泰本身是上柱国之首，执掌西魏朝政，其子建立北周，竟然成功实现"逆袭"，灭掉东边的北齐；上柱国杨忠（507—568）的儿子杨坚（541—604），后来取代北周建立隋朝，只花两个月就灭掉了南方的陈朝，重新实现统一，并开创"开皇盛世"；唐高祖李渊（566—635），则是上柱国李虎（？—551）的孙子，而大唐更是中国人对盛世的不灭记忆。可以说，宇文泰的一系列举措，奠定了隋唐统一及盛世的制度和组织基础。

唐太宗（598或599—649）曾说："自古皆贵中华，贱夷狄，朕独爱之如一。"[1] 唐太宗及其后的一些唐朝皇帝，被少数民族尊为"天可汗"，成为"塞外"和"中原"结合的一个重要象征。而中国的文化，正是在大唐迎来最大气恢宏、开放包容的高光时刻。不光化及塞外，而且吸引众多外国人来大唐求学、贸易或生活。据说唐德宗（742—805）时长安"胡客"竟有四千多人。优秀的外国人一样到朝廷当官，甚至做到宰相。

来自塞外的草原文化，为中原文化重新注入生机与活力，中华文明终于重新焕发出蓬勃的生机，获得更加恢弘的气象。

---

[1] 《资治通鉴·唐纪》。

四、豪族社会的"终结者"：科举制

隋唐虽然重建了大一统格局，但位居圆心的皇权依然面临不小的挑战。

隋文帝杨坚，曾经开创开皇盛世，却单单畏惧皇后独孤伽罗（544—602），并为此发出"吾贵为天子，不得自由"的浩叹。究其原因，在于独孤皇后身后的势力。独孤皇后的父亲独孤信（502—557）是关陇集团的重要军事将领，独孤家族和关陇集团的其他家族相互联姻，关系盘根错节。隋朝之所以能够建立，与关陇集团的支持有莫大关系。独孤皇后的母亲家属于清河崔氏，那是中原地区从汉朝就开始发达的、绵延几百年的门阀士族，更是树大根深。隋文帝在名义上贵为天子，如果离开这些豪族的支持，可能什么都不是。

唐太宗李世民以直言纳谏而闻名。李世民确实虚怀若谷，但还有一点同样值得注意。那些给他提意见的唐朝大臣，和此后朝代的大臣不大一样，前者大多是豪族世家出身，有自己的地盘，甚至有私人武装，相互之间还有盘根错节的关系。唐太宗如果不重视他们的意见，贞观之治也无法实现。

虽然隋唐时代"大一统"已经在政治层面建立起来，但在社会层面，豪族的势力仍然尾大不掉，势必给皇权造成诸多的不便，甚至是威胁。如果任由这种局面继续下去，很可能重新出现长时间的大分裂局面。此前一些皇帝也曾想办法解决豪族的问题，但总体效果不甚理想。汉武帝和王莽靠对抗，豪族此起彼伏，不能解决问题；光武帝靠笼络，很长时间有效，但不能从根上解决。

治疗病症，需找到病根。

在隋唐之前，豪族之所以能"豪"，一个重要的原因，在于他们把持了用人选人的渠道，于是一代一代地实现了自身权力的再生产。

汉代的察举制度也曾长期发挥积极功能，靠地方官为中央政府推荐了大量优秀人才。但演变到东汉后期，不论是地方官的考察，还是乡里清议对人才的品评，都被豪族盘根错节的人际关系所腐蚀。豪族之间结成朋党，互相吹捧圈内子弟，评价浮华不实，使得被选拔者人非其材。

为了改革察举制度的弊端，曹魏开始实行九品官人法。其初衷就是要把用人选人的权力，从地方官手上收归中央，并且通过标准化的考评来削弱门第的影响。在实施方法上，人才不再由地方官举荐，而是由更专业的"中正"来负责选拔。各州设立大中正官，各郡设立小中正官。这些中正都由现任中央官员兼任，朝廷希望由此保证中央对人才选拔的直接控制。大小中正有被称作"访员"的属员，专门负责搜集"群众评价"。中央政府分发一种"人才调查表",按上中下两相配合,共分为九个品级。品级结果出来后,最终呈交吏部,作为官吏升迁和罢黜的依据。这个制度一开始是有很多积极意义的,解决了选拔人才缺乏有效标准的问题,把豪族名士把持的所谓"群众评价"收归政府,评价体系更"科学"了。

但是,九品官人法很快被腐蚀。评议人物的标准有三个,分别是家世、道德和才能。充当中正官的一般是二品官。但是,在当时豪族社会的背景下,获得二品的官员几乎全部来自豪族,尤其是顶级的豪族。皇权本来想从豪族手上收回用人选人的权力的权力,奈何整个朝廷的高官已经全面豪族化。这些盘踞朝廷、世代做官的顶级豪族又被称作"门阀士族"。察举制下,用人选人的权力被地方豪族把持。九品官人法一来,中央确实把用人选人的权力从地方夺回来了,但很快又被顶级的豪族拿走了。后来,连皇权都被豪族给拿走了,取代曹魏建立晋朝的世家豪族司马氏就是其中的代表。后来,九品官人法变成"唯血统论",门第高的就获得高品,进而做高官。家世成为主要标准,道德和才能的标准逐渐虚化。这样一来,只需要区别士庶身份就可以了,九品官人法逐渐变成例行公事而已。原本期望"中正",最终落得个"不中不正",这就是人们熟知的"上品无寒门,下品无势族"的由来。

不管是察举制,还是九品官人法,不管是靠"群众评价",

还是朝廷发"调查表",都有很大的操作空间。群众评价?没问题,豪族也是群众,还管着好多群众。调查表?也好办,给负责填表的人意思意思,或者干脆变成自己人。

这就是豪族社会的"病根"。

针对这个问题,从隋朝开始,中央政府推行科举制度。察举制和九品官人法的问题在于选拔人才主要靠第三者评价,对被考核者缺乏直接考核。科举制度,就是要直接给被考者出题,谁分数高谁上,而不是间接地靠他人的评价。这些被考核者不需要家世的门槛,不必非得由公卿大臣或州郡长官特别推荐。豪族子弟可以来参加考试,寒族子弟也可以,甚至平民也行。每个读书人,不论出身、贫富,只要书读得好,肚子里真有料,来考就是。在竞争中胜出,就可以参与国家的治理。这就为老百姓指了一条明路,规范了民间文化资本投资的方向。

当年,唐太宗曾暗中到端门观看,见新科进士一个个鱼贯而出,心中大喜道:"天下英雄,入吾彀中矣!"[1] 所谓"彀中",就是箭所能射到的范围,指的是朝廷的体制。这句话的潜台词是说,科举制度能够把天下的人才都纳入"体制"之中,成为大一统国家的积极要素。否则,把这帮人都挤压在底层,一方面国家没有可用之人,另一方面他们迟早会冒头,甚至跑到地方豪族那

---

[1] 《唐摭言》卷十。

里和朝廷唱对台戏。现在，这帮人"入彀"，就可以为皇权所用了。

设身处地地想一下不难明白：一个寒族或平民出身的读书人，在豪族扎堆的朝廷里，本来没什么根基，皇权是他唯一的依靠。现如今皇帝想削弱豪族，正好是交投名状的机会，还不赶紧代表皇帝和豪族做斗争？唐代有所谓的"牛李党争"，主要就是进士集团和豪族官僚的斗争。即便是豪族出身，在科举制度营造的文化氛围中，要想理直气壮、扬眉吐气地当官，最好也参加科举考试，用实力证明自己。作为豪族，一旦考试得中，也得感谢皇恩浩荡。皇帝要削弱豪族，此人在选边站队的时候，多少得掂量掂量，至少和豪族划清一点界限。正是在科举制度及其他因素的综合作用下，初唐时最为显赫的那些世家大族，到中唐时地位已经急剧下降。

随着科举制度越来越规范化，加上安史之乱等历史事件的综合性影响，豪族社会终于在宋代宣告终结，平民社会的脚步则越来越近。据说，范仲淹（989—1052）小时候碰到一个算命先生，便劈头盖脸让人家算算，自己长大以后能不能当宰相。范仲淹是平民出身，但那个时代的小孩已然可以做"宰相梦"，搁在之前的朝代是不可想象的。

从豪族到平民，社会结构经历千年的演进，到宋代开花结果，影响以迄于今。

在古代社会，官位是稀缺的资源，一方面关系到治国理政的效能，另一方面也维系着一个家族的荣辱兴衰。当科举考试足够严格和客观，"上品无寒门，下品无势族"的局面就会彻底被打破，个人的天赋与努力就比出身更具有实际的意义。此时，拼的再不是"爹"，而是自己的真本事。著名历史学家钱穆（1895—1990）之所以认为宋以下是纯粹的平民社会，就是因为科举制度保障了社会的垂直流动，以往世家大族垄断官位的情形不复存在，而科举出身的士大夫成为治国理政的主要担纲者。因为无法保证世代考中做官，士大夫的家族通常骤盛忽衰，很难像以前那样形成延续好几百年的门阀士族。尽管元朝和清朝的少数民族贵族是特权阶层，但只占人口的极少比例；尽管社会上还有一定程度的世袭现象，但已经不占主导。整个社会，总体上已经走在一条平民化的历史轨道上。

五、"士大夫与君主共治天下"

隋唐时代的科举，一开始还只是辅助性的人才选拔方式，和"门荫"——靠"拼爹"做官——并存，但人们的入仕观念已经在逐渐变化。唐宗室子弟李洞，老是考不中，还曾写诗记录自己落榜时痛哭的情形。这足见科举在士人心中之分量。

到宋代,科举考试获得更充分的发展。平民子弟吕蒙正(944—1011),少年时代非常贫穷,白天在寺庙里面"借读",晚上到破窑里住宿,衣不遮体食不果腹,最终却通过科举考试状元及第,成为宋真宗(968—1022)的老师、宋代第一位平民宰相。范仲淹在寺庙读书,每天一碗稀粥冷却后分成四块,早晚各两块配上盐拌韭菜末,留下"划粥断齑"的典故,后来同样通过科举做官,一路做到副宰相。

这两位读书人穷得吃不饱穿不暖,他们读的书从何而来?

这得益于纸张和印刷术的普及。南北朝时期,纸张逐渐被使用,但成本较高。基于生产的商业化,宋代纸张成本下降。另外,宋代印刷儒家经典已经成为一种专门的商业活动。书籍的成本进一步下降,知识的传播就更加普及,读得起书的平民百姓越来越多。[1] 宋代皇帝有条件从更大规模的平民中选拔人才,充实官僚队伍。吕蒙正和范仲淹的事迹,不可能发生在门阀士族统治的魏晋南北朝时期,即便在唐朝也非常罕见,然而在宋代已经不是个案了。

科举制度的普及化,增加了朝廷选拔出优秀人才的可能性。宋代开始,中国逐渐形成"士大夫与君主共治天下"的格局,这

---

[1] 参见施展:《枢纽:3000年的中国》,广西师范大学出版社2018年版,第203—204页。

与之前所谓"王与马共天下"等有本质的区别。

在魏晋南北朝，用人选人逐渐在豪族内部"自循环"，而豪族的人口基数少，优秀人才的绝对数量也就少，但他们所占的"名额"又太多，就很难保证选上的都是真正优秀的人才。而尸位素餐、名不副实者越多，吏治就越来越败坏。人才资源的枯竭，是导致当时国家治理能力不断下降的重要原因。科举制度的伟大意义在于全面向寒族开放并最终向平民开放，扩大了人才选拔的人口基数。当朝廷真正面向广土众民选拔人才，获得真正的优秀人才的概率就会变得更大。直到今天，中国依然实行继承了科举制度精神的高考制度，该制度发挥着保障社会流动的重要功能，成为维系中国社会公平的一块"压舱石"。

正是在科举制度的作用下，那些科举出身的士大夫一方面感怀"皇恩浩荡"，另一方面以儒学所涵养的家国天下的胸怀，积极主动地担纲治理责任。南宋的普通官员方庭实（？—1150），也敢于对皇帝直言："天下者，中国之天下，祖宗之天下，群臣、万姓、三军之天下，非陛下之天下！"[1]对于这一"天下"，士人都有一份深切的关怀和发自内心的责任感。

---

1 《宋史纪事本末》卷七二。

六、一个参照：来自"他者"的对科举制的观察

来自加拿大的当代学者贝淡宁（Daniel A. Bell, 1964—）认为，在中国历史中，官员基本都需通过考试和绩效评定，才能从基层政府一层层擢升。他将这种政治模式称为"贤能政治"。在他看来，不能简单地把政治世界分成"好的"民主国家和"坏的"专制政权，不能认为选举民主应该成为政治改革的所谓"黄金标准"。[1] 中国当代政治仍然继承了贤能政治的精髓，比西方所谓的民主更有治理效能，是更符合中国的历史和文化传统的制度。

当代贤能政治的重要渊源，最根本的就是科举制。

无独有偶。对于科举制度，五百多年前来华的天主教神甫利玛窦，经过对明朝政治运作的长期实地观察，得出结论说：

> 只有取得博士或硕士学位的人才能参与国家的政府工作；由于大臣们和皇帝本人的关怀，这类候选人并不缺乏。因此被委任公职的人对于职务要靠经过考验的知识、审慎和干练来加以巩固，不管他是第一次任职还是在政治生活的活动中已经很有经验。[2]

---

[1] 参见[加]贝淡宁：《世界该正视中国式贤能政治》，《领导文萃》，2017年第6期。贝淡宁关于"贤能政治"的详细探讨，参见[加]贝淡宁：《贤能政治》，吴万伟译，中信出版集团2016年版。

[2] [意]利玛窦、[比]金尼阁：《利玛窦中国札记》（上册），何高济、王遵仲、李申译，商务印书馆、中国旅游出版社2017年版，第82页。

利玛窦很中肯地指出，中国的制度并非尽善尽美，但科举制度保证政治权力掌握在知识阶层手中，类似于柏拉图在《理想国》中设想的"哲学家治理"[1]。

中国的科举制度，在世界上遥遥领先。公元605年，隋朝设立进士科，一般被认为是科举制度的开端。相比之下，英国的文官制度要等到1854年才建立，且借鉴了中国的科举制度。美国建立文官制度，要等到1882年。和欧洲中世纪漫长的贵族制相比，和印度的种姓制度相比，科举制度无疑是最具有平等精神的一项伟大的制度发明。有人说，这个制度发明的意义，可以和《汉谟拉比法典》、英国的《大宪章》相提并论。[2] 尽管科举制度到后期

---

[1] 柏拉图认为，只有让集智慧与权力于一身的"哲学王"成为统治者，才能实现一个国家的良善治理，因为只有哲学家拥有真正的知识和美德，他们是实现正义的唯一保障。

[2] 参见新京报：《废除科举百年，我们要省思什么》，《基础教育参考》，2005第10期。《汉谟拉比法典》（*The Code of Hammurabi*），是中东地区的古巴比伦王国国王汉谟拉比（约公元前1792—公元前1750年在位）大约在公元前1776年颁布的法律汇编，是最具代表性的楔形文字法典，也是世界上现存的第一部比较完备的成文法典。该法典被后起的古代西亚国家如赫梯、亚述、新巴比伦等继续使用。其确立的一些原则，如有关债权、契约、侵权行为、家庭以及刑法等方面的原则，对后世立法具有重大影响。英国《大宪章》（*Great Charter*）也称《自由大宪章》，是英国封建时期的重要宪法性文件之一。1215年6月15日金雀花王朝（House of Plantagenet）国王约翰王（King John，1167—1216）在大封建领主、教士、骑士和城市市民的联合压力下被迫签署该宪章。主要内容是贵族和教会的权力不受国王的侵犯，同时对骑士及自由农民的利益也有一些保障。《大宪章》签署后几经兴废，其间伴随着封建贵族和王权的斗争，包括战争。直到英国资产阶级革命时，资产阶级赋予《大宪章》以新的意义，用以反对封建专制王权。今天，《大宪章》仍是英国宪法的重要组成部分。

出现僵化保守的弊端，但其积极意义是不容否定的：它有助于人们实现社会阶层的垂直流动，打破了阶层固化，激发了社会活力；它扩大了人才选拔的人口基数，造就了"士大夫与君主共治天下"的格局，有利于提升国家的治理能力，提升同心圆结构的内在向心力。

七、宋代理学与平民社会的再组织

整个魏晋南北朝，除了西晋短暂的统一，基本上都处在大分裂的时代。与分裂相伴随的，是战争、毁灭、灾祸与死亡。当人们随时遭受死亡的威胁，"死后上哪儿去"就成为关注焦点——安顿好死后的世界，才能勉强活得踏实一点。然而，注重现世生活的中国原有文明尚难提供一个满意的答案。儒家通过"未知生，焉知死"悬置了"死后世界"的问题。在大一统的治世，这个问题还不太突出，毕竟现世生活还有盼头。当"大一统"崩溃，生活的根基风雨飘摇，这个根本的问题就凸显出来了。在这个背景下，汉代从印度传来的佛教，为战乱痛苦中的人们提供了彼岸解脱的可能性，并在本土化的过程中获得自身的快速发展。佛教集中讨论人性与天道之类形而上的问题，而儒家对此类问题长期缺乏关注的兴趣——儒家宁愿把关注的目光，集中于日常性的政治和社会领域。等到隋唐重建大一统秩序，获得长足发展的佛教已经建构起一套富丽堂皇、高深莫测的哲理体系，对读书人构成极大的吸引力，而儒门反而呈现出一派冷落萧瑟的局面。

从中唐开始，一个儒学复兴运动逐渐兴起。一些优秀的思想家暗中学习佛教的心性论和形上学，挖掘儒家传统中隐而不彰的心性论的一面，最终发展出影响深远的宋明理学。

一个"理"字，之所以成为此后几个朝代哲学的主题，也与当时的时代氛围有关。宋代是一个"讲道理"的时代。宋太祖（927—976）的宰相赵普（922—992），在面对宋太祖"天下何物最大"的提问时，回答的并不是"皇帝最大"，而是"道理最大"。[1] 宋太祖留下的祖训，包含"不杀大臣及言事官"。宋代承接的是唐末五代之乱，宋太祖深知武将的麻烦在于蛮不讲理，靠拳头说话，而读书人是讲道理的。在那个篡弑连绵的年代，宋代正是靠这个"急刹车"，才让自己没有成为五代之后的第六个小朝代。

理学所说的"理"比较复杂，简单来讲大致可以归结为两个方面。一是万事万物的"所以然"，就是事物的规律，比如"物理""地理""法理"之类。二是人伦日用的"所当然"，比如日常生活中经常说的"岂有此理""蛮不讲理""按道理说"，就有这个意思。"理"作为宇宙的本体，不仅赋予宇宙以统一的秩序，而

---

[1] 沈括：《梦溪续笔谈》。

且能落实为个体的心性修炼。即便佛教和道教，也处在"理"的含摄之中。理学建构起一套既超越佛道理论、又含摄佛道实践的精神秩序。

宋代的理学家不光从理论上去论证"理"，还从日常生活中去体认"理"。据说，程颢喜欢在鸡窝旁边转悠，观看新生的小鸡仔。因为小鸡破壳而出的时候，虽然生命力还很脆弱，但蕴藏着无限的生机。来自关中地区的张载，喜欢听驴叫。在张载眼里，蠢笨、卑贱如驴，虽然不会鸣叫，依然发出声嘶力竭、荡气回肠的叫声，这叫声背后是生命力在自由澎湃。这些并非历史传说，而是有文献明文记载。

同样面对一个变动不居的世界，佛教看到的是"生老病死""一切皆苦"，所以需要把此岸世界看"空"，认为此岸的一切没有独立存在的实在性，才好从此岸世界超脱到彼岸世界去。而理学家们以一种朴素而积极的眼光，看到的却是"生生不息"，是天地化生万物的盎然生机。这样的现实世界，已经足以让人留恋，足以让人投入全副身心去庄严地生活，并感受到一种莫大的快乐。

宋代理学的集大成者朱熹强调"儒释之分，只争虚、实而已"[1]。正是因为天地宇宙是生生不息的，所以这个世界就绝对不是一种虚幻、空寂的世界，而是实实在在、变化日新并且充满意

---

[1] 《朱子语类》卷一百二十四。

义的世界。理学家们通过自己的努力，把人伦道德的积极价值从根本上确立起来。在此基础上，理学强调"格物穷理"。"格物"意味着，不必去彼岸寻找，就在这个生生不息的现实世界中，在无尽的天地大化之中，以一种真诚无妄、积极踏实的态度，去寻求万事万物的"所以然"，去体认人伦日用的"所当然"——二者合起来，就是"理"。理学所培养的士大夫，遵循"理"去修身养性、教化民众并治国理政，从而让个体和共同体都获得一定的内在秩序，尤其是为政治伦理提供心性论的根基。

对于理学，人们更多关注其哲学层面。但是，理学还有一个被忽略的实践层面，那就是平民社会的"再组织"。

宋代基本实现从豪族社会到平民社会的历史转型，打破了世家大族对政治、经济和文化的全方位、长时段的垄断，对大一统秩序的深化具有重要的意义。但是，这也带来另外一个方面的问题，就是没有豪族世家来主持地方社会秩序，地方社会缺乏有效组织，甚至出现权力真空。怀着对这一问题的忧虑，张载、程颐、程颢等理学学者都积极推动建构新的组织形态。总体的努力方向，是建构具有平民色彩的民间宗族组织和乡里组织。首先以共同的祖先（通常是迁居该地的始祖）为纽带，通过祭祀始祖、编订族谱、建立祠堂，把同一宗族的人团结起来。其次通过乡里组织，制定乡约等规范，把即便宗族不同但同居一地的人们团结起来。这样的组织具有较大的开放性，不会像世家大族那样，在地方社会造成垄断。对于明清社会极为重要的祠堂、族谱、乡约、保甲、社学、社仓等制度[1]，基本上都是宋代学者们提出来或大力推行的。

组织形态有了，用什么方式实现组织的维系？

对于宗族组织，主要靠"家礼"。在宋代以前，一直有"礼不下庶人"的观念。因为礼需要仪式，需要适度地"讲排场"，世家大族能够负担，一般家庭却未必承受得起。但是，当宋代社会结构演变为平民社会，商品经济获得一定的发展，这样的教条便不合时宜。于是，一些理学家热心于"送礼下乡"的工作，推动礼制下移。在朱熹看来，礼是对理的践行，既然平民同样分有"理"，就不能让他们与"礼"隔绝。朱熹在研究古代礼制的基础上，结合当时的民俗，专门针对平民之家设计了《家礼》，成为后世宗族制定礼仪的蓝本。

对于乡里组织，主要靠"乡约"——一种约定俗成的"礼"，而不是强制性的"法"。理学家张载的学生吕大钧（1029—

---

[1] 祠堂是一个家族的人祭祀祖先或先贤的场所，也用于商议族内事务，或办理婚、丧、寿、喜等事务。族谱又称家谱，是一种以表谱形式，记载一个家族的世系繁衍及重要人物事迹的书。乡约是一乡之人订立的共同遵守的规约，有利于规范乡民行为，维护社会稳定。保甲以户（家庭）为社会组织的基本单位，设户长；十户为甲，设甲长；十甲为保，设保长。保甲之内，若有人犯罪，其他各户要承担连带责任。保甲还承担农闲时组织军事训练等职能。社学是在乡社设立的学校，接收农家子弟入学接受启蒙教育。社仓是为防荒年而在乡社设置的具有社会保障性质的粮仓。

1080）等人制定了《吕氏乡约》，倡导同乡之人"德业相劝、过失相规、礼俗相交、患难相恤"，建构一个基于道德的生活共同体。该乡约后来经过朱熹的修订，到明代还被朝廷作为乡约的范本在全国推广。

朱熹的理学本来有"理一分殊""一本万殊"的观点，认为万物都是同一普遍原理的表现。元代有些理学学者认为，具有世系关系的同姓人群聚合在一起，同出于一个祖先，这即是"一本"；血缘关系的亲疏，体现了人群之间的身份差别，这即是"万殊"。[1] 由此，宗族的组织原则，和理学的一般原理有了更为深刻的契合。

八、早期现代世界体系下的明代心学

要完整理解平民社会的思想史演进，还需要把视野延伸到明朝中后期的阳明心学。

在这个时代，兰陵笑笑生写作出《金瓶梅》，截取了《水浒传》中的一段故事加以发挥。这部小说通过许多触目惊心的描写，把当时人们财色名利的欲望描写得绘声绘色。可以看到，在当时不少地方，人们在感性欲望编织的地狱中奔走驰逐，心灵空荡无

---

[1] 章毅：《理学社会化与元代徽州宗族观念的兴起》，载常建华主编：《中国社会历史评论》第9卷，天津古籍出版社2008年版，第103—123页。

所归依。

这种状况的原因,在于商品经济的高度发展。商品经济历朝历代都有,明朝有何特殊之处呢?特殊在白银时代的逐渐来临。那么,白银从何而来?

1492年,哥伦布(Christopher Columbus,1452—1506)"发现"美洲,成为世界史上的一件大事。半个世纪之后,美洲发现大量银矿,后来还在秘鲁发现提炼银子所用的水银,炼银效率大增。作为殖民急先锋的西班牙和葡萄牙,并没有像工业革命时期的英法等国那样,把骤然获得的巨额财富变作扩大再生产的资本,而是用于满足贵族、王室和商人的奢侈品和日用品消费。这些商品从何而来?大多由商品经济高度发达的中国提供。西班牙和葡萄牙用来自美洲的白银,从中国换回香料、茶叶、丝绸、瓷器等。按照一些学者的保守估算,从16世纪中期到17世纪中期,流入中国的白银大概占了世界白银产量的四分之一到三分之一。[1]这是一个令人极为惊讶的数字。

以白银为纽带,中国、欧洲和美洲在经济上展开深度的往来,中国由此被嵌入一个全球性的市场网络之中,商品经济获得"白色血液",发展更加迅猛。16世纪以来,以全球性市场网络为基

---

[1] [德]贡德·弗兰克:《白银资本:重视经济全球化中的东方》,刘北成译,中央编译出版社2008年版,第139—140页。

础，人类社会第一次实现人、商品、货币的频繁流动，各个地区逐渐被卷入现代世界体系。

王阳明（1472—1529）正是生活在这个大时代的开端处。此时，许多问题虽然还未充分展开，但是已经初见端倪。

随着商品经济的快速发展，社会的流动性加大。到16世纪，得益于现代世界体系的初步形成，从美洲传来玉米、甘薯等高产的农作物，在中国北方广泛种植，使得同样的土地可以养活更多的人口，导致人口暴增。在平民社会、大一统秩序的总体背景下，人们不像魏晋南北朝的大分裂时代，躲进封闭性较强的豪族庄园，而是从土地上溢出，有的进入商业城镇成为市民，有的进入矿山成为采矿工人，还有的成为有组织的海盗。在这个过程中，中央政府开始把赋税和劳役折合成白银，不必再交纳实物或亲自服劳役，这使得大量人口不必依附在土地上。

此前，农业需要大家族的协作，需要乡党邻里的守望相助。宋代的家族组织和乡里组织，原本有天理观念作为哲学基础，为人们提供了有效的精神秩序。到明代中后期，随着相当数量的人口从农业转向工商业，摆脱家族和乡里的纽带，个体性日益增强，同行之间的协作转而变得更加重要。于是，旧有的维系家族和乡里秩序的天理观念，逐渐难以为流动的个体提供有效的精神秩序。当商品经济的发展带来物质的丰富和个人收入的增长，而流动的个体缺乏精神秩序的约束，个体欲望的膨胀变得不可避免。

总之，面临现代世界体系带来的冲击，欲望膨胀的孤立个体，精神秩序如何安顿？失去旧秩序的个体之间，如何重新结成一个共同体？这是明代中后期在思想文化上面临的深刻挑战。[1]

阳明心学把约束欲望的力量，寄托于每个人内在具有的心灵能力上。

在王阳明之前，心学的传统已经由南宋的陆九渊（1139—1193）开启端绪。历经各种人生磨难的王阳明，从儒学的千言万语中拎出"致良知"三个字，作为自己学说的关键词。何谓"良知"？一个在基本的人文环境中成长起来的人，不用格外地接受教化，基本上对于行为的是非善恶是清楚的。这种知是知非的能力，就是王阳明所说的"良知"。但是，由于社会风气的败坏，膨胀的欲望会蒙蔽人们的良知，导致人们明知道对却偏不干，明知道错却非要做。所以，王阳明强调作为动词的"致"，就是要把良知一步步扩充起来。当良知在内心明朗起来，一个人就有了对是非善恶的健全判断，就能够"扶正祛邪"，对治膨胀的欲望。王阳明把约束欲望的力量以及道德行为的依据，安放于每个人心

---

[1] 更具体的论述，参见张志强：《"良知"的发现是具有文明史意义的事件——"晚明"时代、中国的"近代"与阳明学的文化理想》，《文化纵横》，2017年第4期。

灵固有的内在能力上，而不是外在的地狱、来世或缥缈的成仙上。

站在商业逐渐兴起的时代开端处，与很多儒家学者不同的是，出身于商业氛围浓厚的浙东地区的王阳明并不反对商业本身，甚至对商人阶层还颇有好感。他认为，做生意和做学问不是对立的，只要修炼得内心纯净，没有挂碍，就算成天从事商业，也能做出道德成就。王阳明反对的不是商业，而是功利之心；解决问题的关键不在于限制商业，而在于约束欲望，扩充良知。

"致良知"的思路，不光要安顿个体的身心，还为个体流动性增强的社会提供了重新整合的基础。一般人面对圣人，觉得巍巍乎高不可攀。王阳明教导人们，就像评价黄金一样，最重要的不是看"斤两"，而是看"成色"，评价人首先要看德行而不是功业。每个人只要在"致良知"上积极努力，就算在"斤两"上达不到圣人的程度，在"成色"上也可以接近圣人，甚至和圣人一样。[1] 王阳明曾让弟子上大街观察，弟子回来报告说"见满街都是圣人"[2]，每个人都有良知，都有成圣成贤的内在能力。在良知面前，人与人是平等的，这是一种德性的平等，而不是西方所讲的权利的平等。这种平等是具体的，而不是抽象的。这种德性平等，为个体之间合作互助提供了基本前提。而个体之间能力的千差万

---

1 参见《传习录上·薛侃录》。

2 《传习录下·黄省曾录》。

别，正好为人们合作互助提供了可能性。[1] 王阳明提出"同心一德""集谋并力"[2]的理念，希望人们在德性平等的基础上，通过合作互助实现社会整合。

王阳明倡导的"致良知"向每个人敞开，当然向士人之外的农工商等群体敞开。清代学者焦循（1763—1820）认为，朱熹的理学主要针对读书人，阳明的心学则直接教化普通百姓。在那个个体主体性进一步彰显的平民社会，阳明心学让儒学进一步向下扎根。即便不能读书的平民，也能从阳明的学说中得到启发和感动。

王阳明弟子众多，其中对当时社会影响较大的，反倒是没有读过多少书的王艮。他是盐商出生，在问学于阳明后，创立了泰州学派。面对从事农业或工商业的平民，泰州学派避免书院会讲那种程式化、教条化的枯燥说教，省去繁琐的论证，努力用贴近百姓习惯的方式宣讲。孔子所高扬的"有教无类"的理想，在现实层面终于得到切实的落实。随着个体流动性的增加，泰州学派还把基于兄弟的"友爱"，推广到没有血缘关系的陌生人之间，倡导一种平等、互信、友爱的横向朋友关系，在社会整合方面做

---

1 参见张志强：《"良知"的发现是具有文明史意义的事件——"晚明"时代、中国的"近代"与阳明学的文化理想》，《文化纵横》，2017年第4期。
2 《传习录中·答顾东桥书》。

出积极探索。尽管泰州学派到后来出现非理性主义和虚无主义的弊端,但其立足平民社会所开启的思考和实践方向,至今仍具有重要的价值。

第五章 从元朝到清朝

迈向"大中国"时代

自从公元907年唐朝灭亡,中国再度陷入另一种意义上的"分裂"。北宋只是统一了大部分农耕区。这种割据的格局与隋唐奠定的民族大融合局面显然是不相匹配的。据有漠北草原与幽云十六州的辽,以及占据河西走廊、河套平原的西夏,长期和北宋对峙,拥有东北和中原的金则和南宋长期对峙。这些政权并不是简单的草原部落,它们采用了中原的国家架构。可以说,已经融汇农耕和游牧的中华文明,此时面临不同民族政权割据的挑战,各个区域面临再度分立的危险。当此之际,蒙古民族通过新的组织方式整合草原力量,凭借罕有的血气与蛮力横扫各个民族政权,建立元朝并在1279年实现统一。此后六百多年,在明朝和清朝的共同努力下,"大中国"的局面总体上得以维持,没有陷入长时间的分裂。要考察这个过程,需要先整体地梳理古代中国内部各个民族之间唇齿相依的密切关系。

一、南北关系：农耕与游牧

中国古代的农耕文明面临一个"硬约束"，就是400毫米等降水量线。在东亚大陆，如果年降水量少于400毫米，农耕一般很难持续下去，因为太低的产出没有办法养活必要的农耕劳动力。只有牧业这种所需劳动力较少的生产方式，能够在400毫米等降量水线以下的广袤区域普遍存在。于是，以400毫米等降水量线为界，中国大致存在两个大的区域：南方的农耕区和北方的游牧区。

北方游牧区的产出比较单一，远远不能满足牧民日常生活的需要。草原上物产极为有限，除了肉和奶，很多生活必需品都需要从南方农耕区获得，比如粮食和茶叶。对于蒙古高原的牧民而言，他们不能只靠肉食和奶制品为生。二者产量有限，不足以满足成天食用。牧民需要用这些畜牧业产品和南方农耕区交换粮食，才能更长久地撑饱肚子。另外，牧民毕竟肉食相对较多，容易消化不良、油脂过多，需要靠茶叶来解腥解腻防"三高"，而茶叶的出产地却在南方农耕区的深山里。青藏高原海拔更高，人们更需要靠肉食来扛冻，肉吃得更多就更需要靠茶叶来促进消化，进而燃烧脂肪、发热御寒。因此，青藏高原上的牧民对茶叶更形成一种"刚需"。除了粮食、茶叶，游牧区还需要布匹来做衣服穿，需要瓷器和铁器等手工业品作为日常生活的用具，而这些物品在草原上也很难生产，主要是从南方农耕区获得。

南方农耕区虽然物产丰富，基本上能够自给自足，但是对游牧区也有"刚需"，那就是马匹。在冷兵器时代，战马是决定军队战斗力的重要因素。有了良马，才能更好地对内维持稳定，对外抵御北方民族南下，才能为农耕区提供总体的公共安全保障。或许有人会说，直接从北方引进良马，让它们在南方农耕区繁殖后代，不就解决问题了吗？没这么简单。马似乎是一种天性喜好自由的物种。就算引进到南方，可以不停地生育，但生出来的马儿一代不如一代。"橘生淮南则为橘，生于淮北则为枳"。马儿得从小在"塞北苦寒地"的广袤草原上自由驰骋，才能练就更好的战斗力。南方曾经搞过一些养马场，但是在狭小的"温柔富贵乡里"，养出来的马总体品质不高。就算南方能养马，也难以实现大规模量产。在适合农耕的土地上划出大片可耕地养马，还不如用这片耕地出产的农产品和游牧区交换马匹来得划算。牧民养马，远比农民专业，人力成本也更低。因此，历史上南方虽然也有一些小片的养马场，但是和北方天然的养马场相比，简直是小巫见大巫。除了马，南方的农民也需要从游牧区获取其他一些物资，比如用来干活的骡子和驴，用来满足口腹之欲的牛羊肉，用来御寒的皮袄，此外还有来自藏区的药材，等等。

北方游牧区和南方农耕区在地理气候上的差异，导致生产方式及物产的差异，以及生活方式的不同。但是，各自的生活方式要想持续下去，却又离不开对方生产方式所生产的某些重要物品。基于此，两种生活方式本质上是高度互嵌的，离开其中一种去理解中华文明，既不全面也不真实。在漫长的历史上，二者之间的经济交流是一种必然。就算南方也能产出马匹或牛羊肉，就算北方一些地方也能种出粮食，只要基于各自生产成本不同而造成的差价和品质差异足够大，就足以吸引商人往来其间。即便历史上有些特殊时期，官方出于政治考量而禁止交易，也会有商人愿意铤而走险。在风调雨顺、政通人和的时期，双方能够通过贸易，以和平的方式互通有无。可一旦遇上天灾人祸，比如北方的暴风雪冻死了牛羊，导致游牧区缺乏和农耕区交易的物资；比如农耕区因为降温而减产，自己都吃不饱，遑论供给游牧区多余的粮食。再加上各种因素的叠加，游牧区的牧民只好成群结队到农耕区来抢夺。一般而言，整体的寒冷期都是南北方一起降温，游牧区畜牧业减产的时候，农耕区恰好也没有足够的粮食。这样一来，战争就不可避免，最终以双方人口的减少为代价，达到人口和资源之间新的平衡。

有学者通过非常细致的研究认为，在中国历史上，盛世一般出现在比较温暖的时期，因为这段时期农耕区粮食增产，游牧区也牛羊成群，大家通过贸易互通有无，倒也其乐融融。比如汉文帝、汉景帝时期，就处在一个温暖期的末尾；唐朝在唐玄宗天宝年以前，处于"中世纪温暖期"；而像魏晋南北朝那样的大分裂时代，也正是大降温的时代。降温使得北方游牧民族面临持续性的生存压力，不得不南迁，而面对北方游牧区传导的压力，农业产出不足的南方农耕区没办法有效应对，于是中国陷入当时的分裂和战乱。明朝末年，正好碰上小冰期的气温最低点，天灾人祸横行，内有农民起义，外有女真南下，明朝的灭亡正应了"无力回天"四字。[1] 当然，地理和气候因素对历史有重要影响，但不能陷入一种"决定论"的单向思维。真正的历史，恰是气候、地理、人力等多种因素综合作用的结果，基于各种条件所形成的人的生产方式，才起着决定性的作用。

二、游牧民族的巨大贡献

北方游牧区和南方农耕区，基于生活方式内在的高度依赖性，时而通过贸易、时而通过战争彼此发生关系。历经数千年的历史演进，南北双方通过复杂的互动，形成了一个联系越来越紧密的整体。在这个过程中，北方游牧民族对于中国的内部整合总体上

---

[1] 参见张文木：《气候变迁与中华国运》，海洋出版社2018年版，第84—252页。

先后发挥了三种作用。

一是施压者。

世界上农耕文明不少，为什么只有中国的农耕区率先实现"大一统"，并且一直保持和发展？一个重要的原因，恰恰在于中国的农耕区面临北方游牧区持续而强大的挑战。本来，农民向往的是"三十亩地一头牛，老婆孩子热炕头"的生活，没有必要把政治共同体搞得那么大。但是，面对北方游牧区的整体性挑战，南方农耕区的农民们必须抱团取暖。王权或皇权只有凭借强力意志和军事实力，通过有效的政治架构和组织动员，把一盘散沙的小农"抟沙成团"般地整合成一个统一的国家，才足以应对来自游牧区的挑战。

二是维护者。

在漫长的交往交流交融中，来自游牧区的草原民族逐渐学习中原王朝的组织技术，甚至局部地学习一些冶铁和手工的技术，以提升自身的经济实力和组织凝聚力。在多种因素的交织作用下，一些升级过后的草原民族甚至通过军事手段而入主中原，占有了大片的农耕区，建立更加成熟的政权。接下来的问题是，他们会把中原地区变成牧场、继续草原上的生活方式吗？毕竟草原很难变成耕地，但耕地变成草原在技术上并不难实现。中原地区还和草原一样一马平川，足以令南下的牧民们兴奋不已。十六国时期的一些少数民族政权，以及初期的北魏，缺乏治理中原的经验，还真干过把耕地圈成牧场的事情。甚至几百年后的蒙古亲王贵族，也有把黄河以北的耕地变为牧场的疯狂想法。

但是，这种做法难以持久。如果在适合农耕的土地上去放牧，一时间倒是尽了游牧民族之兴，但很快会发现投入高产出低，远不如种庄稼划算。当年，蒙古亲贵提出那个疯狂想法后，汉化的契丹人耶律楚材（1190—1244）向蒙古大汗窝阔台（1186—1241）力谏不可，他给出的理由是，农耕所能缴纳的赋税，远远超出放牧牛羊的赋税。经济的约束是硬约束。当游牧民族来到400毫米等降水量线以南，大都得在中原地区延续农耕的生产方式。南下的牧民在与中原原有汉人的长期交流中，也在不断融合，几代通婚、长期共同生活之后，慢慢分不出彼此了。早年南下的匈奴、鲜卑、羯、氐、羌，逐渐与中原原有汉人相互融合，共同形成了一个"亦新亦旧"的族群。

南下少数民族主导的政权，既然只能沿袭中原地区的农耕生产方式，就必须学习农耕文明的治理体系和政治架构，进而学习中原文化。为了彰显自身的正当性，很多游牧民族南下建立的政权，都宣称自己是华夏正统。与这种正统观念相配套，大多数南下少数民族建立的政权还重用汉族士人，建立太学和各地学校，采用九品中正制或科举制选拔官员。教育跟上了，思想就会变化，加上生活方式也向中原和内地靠拢，南下少数民族在各个方面就逐渐汉化，最终融入中华民族的大家庭。

三是拓展者。

正是因为周边各个民族的参与，中华大一统格局才得以不断拓展。当代学者赵汀阳认为，中国在历史上逐渐变大，但并非基于对外侵略扩张。恰恰相反，是各个民族从边缘、从外围往中原走。"由逐鹿中原形成了一个漩涡，把各个部族都给卷进来。漩涡越卷越大，大家不能脱身，因为它是向心力主导的，所以中国就由小变大。"[1] 在多种因素的作用下，周边各个民族都愿意主动跳进这个漩涡。通过分享这个精神世界、天下观念，并以发达的农耕经济为基础，才能成为天下共主，而不仅仅是可汗或头领。

在中国历史上，进入内地的少数民族政权都对"大中国"格局的拓展做出了自己的贡献，使其融入了新的要素。对今天而言，影响最大的"拓展者"，要数实现统一的元朝和清朝。而二者之间的明朝，也为"大中国"做出了重要的贡献。

三、元朝："大中国"时代的全面开启

元朝结束了中国又一段长时期的割据局面，拨正了这个统一

---

[1] 赵汀阳：《中国：一个内含天下的国家》，搜狐网 2017 年 3 月 15 日（https://www.sohu.com/a/128922722_120776）。

国家的历史航向，统合了西夏、金、南宋等地，实现了中国游牧区和农耕区的首次全面统合，开启了一个"大中国"时代。[1]

和此前少数民族建立的政权相比，元朝的统治范围更大，统合力度更强。北魏和金那样在中原站稳脚跟的少数民族政权，并不能有效控制漠北草原。占领幽云十六州的辽国，根基在东北，对漠北草原也只能采用羁縻统治[2]，并不牢固。南下的少数民族政权，需要面临北方草原上其他后起少数民族的困扰和威胁，甚至因此而衰亡。而像匈奴、突厥等在漠北草原实施有效统治的汗国，却始终只在草原上打转，不能南下中原，最终因游牧经济的不稳定性而灭亡。相比之下，在漠北草原崛起的成吉思汗，采用千户、百户这种新的组织形式，取代了此前草原社会的氏族部落结构，打破了各部落的完整性和独立性，有效整合了草原力量，形成了新的极具战斗力的蒙古民族，同时还化解了后起草原民族南下的威胁。

在元朝之前，辽、宋、金以及此前的南北朝，无疑只算是"小

---

1 关于元朝的具体贡献，可参考波音：《草与禾：中华文明4000年融合史》，中信出版集团2019年版，第214—235页。
2 所谓羁縻，"羁"就是用军事和政治的压力加以控制，"縻"就是以经济和物质利益给以抚慰，羁縻统治即在少数民族地区设立特殊的行政单位，保持或基本保持少数民族原有的社会组织形式和管理机构，承认其酋长、首领在本民族和本地区中的政治统治地位，任用少数民族地方首领为地方官吏。实行该统治的地区，政治上隶属于中央王朝、经济上有朝贡的义务，其余一切事务均由少数民族首领自己管理。

中国"。秦朝只是统合了农耕区，汉朝、西晋和唐朝曾经把西域纳入版图，但由于各种条件的限制，当时主要采取羁縻统治的方式。唐朝本有少数民族血统，曾经将草原上的突厥纳入版图，但是持续的时间只有二十多年，统合力度比较有限。相比之下，元朝实现了中国游牧区和农耕区的首次全面长期统合，并首次将云南、贵州和青藏高原等少数民族地区正式纳入中国版图。[1] 正是基于元朝留下来的版图基础，后来的明朝和清朝才维持和延续了"大中国"的格局。

元朝开创的"大中国"之大，并不仅仅在于疆域版图，也在于内部整合和外部连接的深度和广度。

第一，元朝通过行省制度，强化了中央和地方的联系。

在元朝以前，地方行政区划的主导原则是"山川形便"：根据山川的自然形势，来划分地方行政区域。大致而言，一个由大山大河围成的相对封闭的自然地理单元，组成一个地方行政区域。如此一来，一个地方行政区域内民众的语言、风俗习惯、生活方式比较相近，不用跨越山川之险，交流起来比较便利。但是，这也便利了那些想搞地方割据的野心家，容易对同心圆结构造成离心力。除了"山川形便"，此前地方行政区划还有一个辅助原则

---

[1] 参见张帆：《元朝开启了"大中国"时代》，《澎湃新闻》2015年6月14日（https://www.thepaper.cn/newsDetail_forward_1341436）。

叫作"犬牙交错"：有意让行政区划突破地理单元的限制，相互之间的边界，像狗牙齿一样相互嵌入。

元朝行省制度最大的变化，是把原作为行政区划辅助原则的"犬牙交错"，变成主导原则。这确实会给一些地区的人们带来生活上的不便。但这种局部性的不便，会带来整体性的收益，就是大一统版图内部各个地方行政区域的有效"咬合"，是对各个地区"离心力"的消解。正是基于犬牙交错，不同自然地理单元的人们，不得不在经济文化方面加强交往交流，久而久之才能在人文层面实现有机的融合。

元朝的行省制度，对后世影响深远。省作为地方一级行政区的名称，一直沿用至今。其突破地理单元进行行政区划的制度精神，在今天的中国依然发挥着或隐或显的影响力。

第二，元朝实现交通与物流系统的升级。

从唐朝中后期开始，随着江南地区的深度开发，中国的经济重心逐渐南移。但此时政治上长时期的分裂局面，让南方和北方逐渐成为相互隔绝的经济体系[1]。元朝把首都定在位于北方的大都（今北京），并修整常年堵塞的运河，把南方和北方通过漕运和海运有效连接起来，避免二者渐行渐远。

---

[1] 此处说的"南北"，不是南方农耕区和北方游牧区意义上的南北，而是以长江、淮河为界，南方主要包括江南以及岭南，北方主要包括中原和草原。

经过元朝的努力，来自江南的运粮船从当时的"一线城市"、南宋当年的首都杭州出发，可以一直驶入大都。大运河，成为重新连接中原和江南的一条经济大动脉，在明清两代一直发挥着重要作用。同时，为了对接到大都的海运，元朝还修通惠河连接直沽（今天津）港口。由此，大都不光连接江南的运粮船，还面向广袤的海洋，迎来东南亚、印度洋、西亚等各个地方的商船。这样一来，大都（北京）就不光位于农耕文明和游牧文明的连接线上，还位于大陆文明和海洋文明的连接线上——明清以来，海洋文明对大陆文明构成全方位的挑战，正是在应对挑战的过程中，中国的"大一统"实现了现代转型。

同时，北起黑龙江和西伯利亚，南至西藏和越南、缅甸境内，西达草原绿洲，东抵大海，元朝建构了以大都为中心的、放射状的道路交通网络。根据当时一些外来旅行者的记录，"忽必烈的'王道'在宽广的公共道路两侧挖掘有水流通的沟渠，在彼处种植白杨或柳树等树木，从两侧打造了覆盖公共道路的凉爽绿荫"。[1]

在货币方面，元朝以金银和绢为储备发行纸币，在世界货币史上拔得头筹，且能长期通过控制货币发行数量、设置金银平准库、完善货币回收等制度以及严格打击伪币的货币法令，保证纸

---

[1] [日]杉山正明：《忽必烈的挑战：蒙古帝国与世界历史的大转向》，周俊宇译，社会科学文献出版社2013年版，第158—159页。

币的币值。中国历史上全面使用纸币的朝代，也只有元朝一家。

普遍的境内和平，四通八达的陆路、水路和海路交通网络，加上纸币的大范围使用，使得商业活动得以普遍开展，物资的流动变得更为便捷和频繁。统一帝国的内部交流，由此得以不断深化。

第三，元朝建构横跨亚欧的贸易大循环。

在元朝的西边，蒙古人还建立了察合台、钦察、伊利以及窝阔台等汗国，这些汗国同属于蒙古帝国，名义上也是作为蒙古帝国大汗的元朝皇帝的藩属，和元朝之间相互有驿路连接。在这些横跨亚欧大陆的驿路上，每隔30到50公里，设置有配备专门人员的驿站。驿站为过往的商旅提供补给用品和运输用的马匹与骆驼，地形复杂的地方还配有向导。

宋朝已经有比较发达的民间海外贸易。在宋朝航海技术的基础上，元朝把触角伸向南方的海洋，打通了从南海到印度洋、再到中东的海上通道。甚至有人有些夸张地认为，印度洋几乎已经变成元朝的"内海"。元朝还在泉州等沿海港口城市设置市舶司，对海外贸易进行管理和推动。

这样一来，蒙古人分别打通了陆上和海上丝绸之路。在此之前，由于政权的分割和匪盗的横行，这两条路虽然存在，但风险系数很大，转运成本较高。元朝领导下的蒙古帝国，把此前的障碍一股脑扫除，在陆海两个方面，为亚欧大陆的经济文化交流提供了普遍的公共安全和公共服务。蒙古帝国较低的一次性关税（有人认为只有3%），更是大幅度降低了物资的转运成本。

在中国历史上，大多数中原王朝都把农业视为国本，担心商业太繁荣会导致人们不务正业，败坏社会风气，因此大多推行不同程度的"重农抑商"政策。来自草原的元朝却完全不理会这些，张开双臂去拥抱商业。宋朝虽然商业也发达，但主要是民间在参与。到了元朝，作为统治阶层的蒙古贵族积极参与商业，甚至发挥主导作用。

当时，蒙古贵族做"股东"出资，善于经商的中亚色目人尤其是穆斯林商人当"经理人"，以"斡脱"为"公司"组织形式，以白银为通货，以中国农耕区的生产能力为依托，以蒙古帝国的驿路和航道为基础设施，以蒙古帝国在广袤范围内提供的公共安全为秩序保障，一个横跨"世界岛"——亚欧大陆——的世界经济体系，被初步打造出来。

欧洲人后来"意外"发现美洲，可以说是在元朝打造的世界经济体系基础上的一个延续和重要补充。

四、明朝:"大中国"格局的维护和深化

到元朝后期,小冰期导致天灾频繁。面对财政紧张,元朝政府未能避免滥发纸币的冲动,造成了严重的通货膨胀。本来政治上蒙汉之间尚未充分整合,经济上又陷入奔溃,于是民变四起。经过群雄逐鹿,最终朱元璋建立明朝。如果说元朝面临的问题,是国家在空间上如何整合,那么明朝面临的问题,则是文明在时间上如何延续。

在元朝之前,尽管有少数民族入主中原的许多先例,但汉人政权总能偏安一隅,勉强作为"正朔"的代表。而元朝是第一个全面统一中国的少数民族王朝,如何对待元朝的正统性,对于明朝而言是一个全新的时代课题。如果否认元朝的正统性,只能转而承认宋朝是唯一的正统,这就意味着还要从宋朝的皇子王孙中找一个人出来,替老朱家做皇帝。更重要的是,很多在元朝地位尊崇的蒙古人、色目人已经在中国生活多年,如果否认元朝的正统性,等于否定了他们及其祖辈此前生活的意义,他们如何肯对明朝心服口服呢?所以,尽管朱元璋在反元的时候以民族旗帜进行过政治动员,但是天下既定,则必须以承认元朝的正统性为前提,将元亡明兴纳入王朝更迭、天命转移的历史叙事。如此一来,老朱家的皇帝之位才能坐得理直气壮;那些生活在元朝的人们,

尤其是色目人、蒙古人等少数民族，才能承认元朝"气数已尽"的既成事实，转而认同明朝的正统性。只有这样，明朝才能转入常态化治理，才能避免不同人群的撕裂之患。"大一统"的正朔，才能获得一以贯之的延续性。

除了这个根本性的问题，明朝对大一统格局的贡献，还体现在以下三个方面。

第一，维系了"大中国"的整体态势。

在明朝之前，汉人王朝很难长期统合农耕文明之外的区域。明朝在元朝版图的基础上，在东北设立奴儿干都司，在西藏设立乌思藏都司，下面还设了卫一级的行政单位，对这两处地广人稀的地区实施行政管理。对于云南等少数民族地区，直接设立省级建制（当时叫布政使司）。限于这些地区当时的社会经济状况以及通讯条件，对这些地区的治理程度还不能和对内地的行政管理相提并论。朝廷会向这些地区派出少量主官，但更多的是对当地原有势力予以任命或册封。但更应看到的是，这些此前属于汉人王朝行政视野之外的地区，在明朝时期继续被纳入"大中国"的版图范围。

在北方，元朝皇室北逃后形成的鞑靼和瓦剌，后来遭遇更严重的分裂，蒙古草原重新回到部落状态。在这个复杂的过程中，明朝与蒙古方面时战时和，分而治之，总体来讲和平的时候更多。

明朝对很多蒙古部落予以政治上的册封，让他们成为大明的"王爷"。在蒙古各部纷争的情况下，一些蒙古部落的大汗和权臣，甚至争先恐后地向明朝称臣朝贡。不被允许朝贡的，还流露出深深的失落感。朝贡之外，双方还通过互市的方式，保持密切的经济联系。作为曾经入主中原、统一中国的族群，蒙古各部此时仍然具有一种对"中国"的底层认同。

第二，通过"改土归流"，深化族群整合。

在北方游牧区和南方农耕区的总体划分之外，西南、西北和中南的部分地带还分布着一些主要从事山地农耕的少数民族。由于崇山峻岭密布，山川阻隔、交通不便，他们与中原和江南的人们在生活方式上存在一些差别。

从秦汉开始，这些地区纳入中央王朝的统辖。不过，由于社会发展状况和交通条件的限制，直到元朝还不得不实行"土官制度"，任命当地土司作为代理人进行治理，且其职位世袭。由于地处边陲，离皇权中心较远，一些土司成了"土皇帝"，不仅残暴统治辖区内的少数民族，相互之间老是干仗，还不服中央的"大皇帝"管辖。不过，随着民族之间的通婚与融合，这些地区的语言日趋一致。历代王朝在这些区域设立学校和文庙，推行儒家教化。经过长期的演进，不少地区逐渐与中原地区在语言和文化上日益接近。

到明朝中后期，在一些条件比较成熟的地区，中央政府推行"改土归流"政策。顾名思义，就是把"土官"改成"流官"，取消土司世袭的制度，设立各级地方行政单位，派遣官员进行内地化的直接治理。这些官员都由明朝政府任命，且和中原的官员一样，具有一定的任期，时间一长就要换人，因此称作"流官"。这样一来，横亘在民众和朝廷之间的那些"土皇帝"，就慢慢被打掉了。当然，鉴于各个地区社会经济和文化情况的复杂性，"改土归流"的过程还是比较缓慢和慎重的。

第三，通过朝贡体制，维持周边地区的和平秩序。

明朝之前，蒙古人缔造了一个横跨亚欧的大帝国，靠武力保障长期的和平，而元朝成为各方势力共同尊奉的宗主。作为农耕区兴起的政权，明朝无法达到元朝盛时的武力，但又需要保持中国作为宗主国的地位，承担维持周边和平的大国责任，只能靠政治、经济和文化的方式——这也是农耕文明更加擅长的方式。明朝对周边地区的一些首领予以册封，将其纳入中华礼仪秩序，并在经济上坚持"厚往薄来"的原则，给予对方足够的利益照顾。

文化的方式，同样需要硬实力为支撑。当时没有各国国民生产总值、军力实力之类的统计数据，国力需要通过可视化的途径展示出来。郑和（1371？—1433？）下西洋就是一种非常直观的展示。早在15世纪初，郑和的船队，动辄几百艘大船、几万名人员在海上组成编队，浩浩荡荡。相比之下，到15世纪末16世纪初，哥伦布（Christopher Columbus，1452—1506）、麦哲伦（Ferdinand Magellan，1480—1521）等人的船队，不过三五艘帆船，一二百名水手。庞大而复杂的船队，不仅显示出明朝的国威，也显示出明朝强大的制造业和财政能力。很多沿线的小国纷纷派使节搭乘郑和的船队，前往明朝朝贡。当年，来华的利玛窦发现，中国拥有世界上最大的海军力量，郑和下西洋竟然只带回来其他国家的土特产，没有随着大航海而搞经济殖民，没有觊觎周边国家的经济命脉和各种资源，这令他感到匪夷所思。

这大概是不同的文明逻辑。中华文明讲究"止戈为武"——自己虽然拥有强大的武力，但其目的却在于制止各种滥用的武力所带来的混乱，靠威慑力维持住和平的秩序，尽量不去动武。当时，欧洲乱成一锅粥，各个国家之间争斗无算，而东亚及东南亚地区之所以能维持长期的和平与稳定，主要在于中国这个"定海神针"。一个负责任的大国，如何与各个小国和平共处，如何力所能及地看护周遭世界的和平与稳定？这至今仍然是一个重要问题。

五、清朝："大中国"格局的全面整合

明朝中后期，随着人口增加，土地兼并日益严重。接连出现

的昏庸、懒政的帝王无心或无力扭转局面，宦官专权、特务横行和文官党争使得明朝走向没落。满族在艰难的生存环境中崛起于东北，通过八旗制度整合境内的女真各部和其他各个民族，与明朝长期交战。又一次小冰期导致天灾频繁，明朝失效的治理体系无力应对危局，遂亡于农民起义。清朝趁乱入关，最终统一全国。

在中国古代，由少数民族建立的大一统王朝，只有元朝和清朝。元朝的一统局面维持了不到百年，而清朝却维持了两百六十多年。相比之下，清朝更成功地处理了少数民族入主中原的正统性问题，成为中原文化的优秀学习者。早在清朝入主中原的初期，顺治、康熙等帝王就对作为儒家文化代表人物的孔子表现出极高的敬意。康熙皇帝还亲自到儒家圣地曲阜，向孔子像行三跪九叩大礼。最终，在"华夷一家"理念的指引下，清朝全方位地学习和整理中原文化以及各民族文化，造就出一个宏阔的文化格局。同时，清朝也不忘满族的文化根本。清朝的皇子，一方面要全面学习中原文化的经史子集、诗词歌赋和琴棋书画，另一方面还要严格学习满语、蒙语，操练弓箭骑射之术，以保持自身的"野蛮精悍之血"，避免重蹈此前少数民族入关后迅速腐化堕落的覆辙。

对于清朝的重要历史贡献，可以从以下几个方面来考察。

第一，抓住历史"窗口期"，实现中国疆域的有效统合。

明朝灭亡四年后的 1648 年，经过三十年战争的欧洲各国终于坐在一起签订《威斯特伐利亚和约》，所谓现代民族国家的格局由此奠定。此前，帝国、王国、公国等政治实体的疆界具有一定的模糊性；此后，主权国家通过复杂的博弈，靠国际条约确定彼此的明确疆界。与该条约互为表里的，是西方各国在全世界疯狂地"跑马圈地"。实际上，随着地理大发现带来的世界视野的扩大，西方殖民者早在明朝后期就已经开始染指中国的周边。在北方陆地一线，俄罗斯的势力扩张到西伯利亚，甚至到黑龙江流域活动。在南方海洋一线，荷兰占领台湾，葡萄牙占了澳门，英国和法国的殖民者已经开始在印度活动。

当此之时，中国内部是什么状况？明朝后期疆域收缩，主要控制着农耕区；蒙古各部占据北方草原，东北有女真各部，西北有东察合台汗国，青藏高原上有一些大大小小的政权。明朝灭亡时，内地还有李自成（1606—1645）、张献忠（1606—1647）等率领的农民军，有南明的一系列割据政权。如果任由内部分裂的局面持续下去，西方殖民者进入之后，通过扶持一方对付另一方，让自己人打自己人，最终就能够分而治之，把中国变成殖民地并掠夺其各种资源。

如果分裂成为现实，如果边界通过国际条约变得刚性化，再想实现疆域统合就会难上加难。在历史的节骨眼上，清朝兴起，客观上抓住了难得的历史"窗口期"，气势如虹地实现了中国疆域的全面、有效统合。几乎在每一个方向上，面对西方列强的虎视眈眈，清朝比此前任何朝代更加有力地统合了蒙古、西藏、新疆、东北和台湾等地，维护和拓展了"大中国"的基本格局，为现代中国奠定了版图基础。比如，在东北，面对沙俄在东北的扩张和侵略，清朝发动雅克萨之战，收复大片失地。此后，清朝与沙俄签订《尼布楚条约》，划定了中俄两国的东部边界，从法律上确立黑龙江和乌苏里江流域包括库页岛在内的广大地区属于中国。又比如，到清朝晚期，中亚浩罕汗国的阿古柏（Mohammad Yaqub Beg，1820—1877）在沙俄和英国的支持下入侵新疆。已经内外交困的清朝仍能派左宗棠（1812—1885）出兵收复新疆，此后还设置新疆省。类似的事情，不一而足。

清朝奠定了现代中国的版图基础，这是一个了不起的贡献。当中国近代以来进入民族国家体系，才能在法理层面继续保持广袤的版图，为中华民族的整体存续获得难得的战略空间。

第二，加强对民族地区的管辖，促使各民族交往交流交融的格局进一步深化。

对于各个少数民族的事务，清朝早在入关之前的皇太极时期，就设立了一个专门的管理机构——"理藩院"。后来，六部、督察院和理藩院合称"八衙门"，成为清朝中央一级的最高行政机构，足见清廷对于民族事务的重视。在清朝之前，对少数民族地区的管辖，主要依靠介于"治与不治"之间的羁縻制度。对于少数民族地区的事务，主要由礼部负责，并不将其完全作为内政。而清朝理藩院最大的不同，在于把对"藩部"即少数民族地区的治理当作内政来处理，并且在制度化水平上也远远超过元朝设立的总制院和宣政院。[1]

这种制度化水平的提升，集中体现在一系列民族法规的颁布上。针对蒙古、西藏、新疆、青海等少数民族地区，制定共同适用的《理藩院则例》。清朝采用"因俗而治"的原则，根据不同民族和地区的具体情况，制定不同的民族法规。由此，清朝民族事务管理走上法制化、规范化的轨道。不过，多样性可以被尊重，却不能被放任。清朝还致力于建构各民族对清朝皇帝的共同认同。如果要给清朝皇帝印名片，会发现其头衔颇为复杂：面对满人，他是族长；面对汉人，他是尊奉儒家之道的天子；面对蒙古人，他是满蒙联盟的大汗；面对回部，他是伊斯兰教的庇护者；面对藏人，他是文殊菩萨的化身和推动政教二道并行的转轮王。清朝大多数皇帝都会讲三种语言：满语、汉语、蒙古语。乾隆会的语言竟有五六种之多。经过两百多年的努力，清朝把以"满、汉、蒙、回、藏"为主体的各个民族，有效团结在同一个大一统国家之中，

---

[1] 参见张志强：《超越民族主义："多元一体"的清代中国——对"新清史"的回应"》，《文化纵横》2016年第2期。

这是清朝为中华民族多元一体格局所做出的巨大贡献。

第三，在长期的有效治理下，为中华民族奠定人口优势。

一个朝代，要出一两个优秀的皇帝并不难，难的是一直出中等以上的皇帝，且基本上不出不及格的皇帝。可以说清朝做到了这一点。根本的原因，在于近乎严苛的皇子教育。在高强度的学习中，儒家文化教会其仁爱与韬略，满族文化培养其勇武与奋进，蒙古文化熏陶其高远与大度。治理一个超大规模的多民族国家，需要这种综合素质。

皇帝的综合素质，使清朝执政集团在较长时期维持了较高的治理能力。最典型的数康熙、雍正、乾隆三朝，几代皇帝不断接力，维持了一百三四十年的"盛世"，长期保持社会总体稳定，在中国古代社会的治理中可谓无出其右。生活在同一时期的法国启蒙学者伏尔泰（笔名 Voltaire，本名 François-Marie Arouet，1694—1778）称中国是"举世最优美、最古老、最广大、人口最多而治理最好的国家"[1]。伏尔泰所说的"人口"这个指标，正是在这期间逐渐增加起来的。

在古代农耕社会中，人口意味着劳动力，劳动力意味着竞争力。据历史学家估算，由于土地的承载能力有其限度，中国古代的人口增长极限，大概是一亿的实际人口——由于有瞒报现象，

---

1 [法]伏尔泰：《哲学辞典》，王燕生译，商务印书馆1991年版，第91页。

反映到户籍人口大概是六千万。一旦超过这个数,马尔萨斯定律[1]就会发生作用,社会矛盾四起,最终全面崩盘。战乱带来人口锐减,然后开始新的循环。然而,从户籍人口看,清朝入关初期大概是四千万,雍正年间突破一亿,道光年间竟然达到四亿,占当时世界人口的三分之一,远超六千万户籍人口的魔咒。此后,清朝还继续支撑了六七十年才灭亡。

人口增长确实带来一些资源环境压力,但当时奠定的"四万万中国人"的人口规模对中华民族的整体生存意义重大。鸦片战争后,西方列强不断入侵中国。超过四亿的人口体量,让列强难以瓜分中国。面对日本的侵略,清朝留下来的庞大的人口及地理空间,是中国得以用持久战拖垮日本的重要条件。今天的中国,之所以成为"世界工厂",也与"人口红利"密切相关。

第四,实现边疆国土的深度开发。

清朝入关后,满族大量迁入中原,客观上打破了满汉之间的地域界限,二者逐渐形成交错杂居的局面。在"大一统"的局面下,少数民族的王公贵族或商旅也常往来于内地和边疆之间,社会经

---

[1] 英国近代经济学家、人口学家马尔萨斯认为,生活资料按算术级数增加,而人口是按几何级数增长的,因此生活资料的增加赶不上人口的增长是自然的、永恒的规律,只有通过饥饿、繁重的劳动、限制结婚以及战争等手段来消灭社会"下层",才能削弱这个规律的作用。马尔萨斯人口论是近代人口学诞生的标志,但该理论长期以来存在较大争议。

济交流频繁。

随着内地人口的增加,朝廷还出台政策,鼓励人们向人口密度相对较低的边疆地区移民,而从美洲传来的高产农作物可以在山区种植。于是,内地移民与边疆民族深度融合,云南、贵州和广西等地加速了和内地经济一体化的进程。另外,清朝延续明朝的移民实边和屯田戍守政策,并将其推广到统一后的新疆地区。大量内地各族军民迁移到天山以北,修建了大量水利灌溉工程。以前被认为不适合耕种的"苦寒之地",也得到有效的屯垦。除了驻军和农民,还有大量工匠和商贾也进入这些地区,为今天新疆一系列城市的形成和发展奠定了基础。

从清初到道光年中叶,内地大量移民进入边疆地区。据统计,关外东北地区至少有移民150万人,蒙古地区移入约100万人,新疆地区迁入约50多万人,云南、广西合计迁入二三百万人,台湾迁入约150万人。至鸦片战争前后,内地共约七八百万人迁移到边疆和海岛。[1] 随着内地先进农业生产技术的传入,边疆地区尤其是边远山区原有的生计方式和经济结构得以调整和改善,边疆地区也更深地嵌入以中原地区为圆心的政治、经济和文化体系之中。

---

[1] 参见马汝珩、马大正主编:《清代的边疆政策》,中国社会科学出版社1994年版,第102—103页。

六、一个对比：清朝与同期两个帝国的不同命运

如果对比和清朝差不多同一时期的其他大帝国，比如奥斯曼帝国和莫卧儿帝国，就更能看出清朝对中国"大一统"的重大贡献。

奥斯曼帝国早在13世纪中叶就立国，后来发展成地跨亚欧非的大国。信仰伊斯兰教的奥斯曼帝国横在亚欧之间，阻断通往东方的商路，一度让信基督教的欧洲各国非常头疼。但是，这个广袤的帝国主要建立在军事征服和野蛮掠夺的基础之上，境内的许多民族各自信仰不同的宗教，帝国却又不能像清朝那样实现有效的统合，最终各地区纷纷起义，内部战乱不断，国力衰弱。西方列强瞅准机会，扑上去将其肢解了事。于是，帝国的很多地方沦为殖民者的托管地或殖民地。如今，奥斯曼帝国的母体上竟分出40多个国家。

16世初，土耳其人和蒙古人后裔打到印度后建立的莫卧儿帝国，在奥朗则布大帝（Aurangzeb，1618—1707）统治的50年中走向鼎盛。但是，信仰伊斯兰教的奥朗则布，没有清朝统合各民族的智慧，只知道维护极少数伊斯兰教封建领主的利益，迫害占人口绝大多数的印度教居民，使得莫卧儿帝国呈现"其上层建筑是穆斯林的，而基础则是印度教的"文化撕裂局面，最终只留下一个四分五裂的孱弱帝国。葡萄牙、荷兰、法国等西方列强

都跑来侵略殖民，然后英国又把它们赶跑，自己将其独吞。英国的东印度公司，之所以用几千人就吞并了持续数百年的印度莫卧儿帝国，靠的就是"印度人打印度人"这个招数，利用帝国的分裂格局做文章，挑拨各地的土王相互打来打去，而英国坐收渔翁之利。后来，印度虽然在新的国际形势下实现独立，但被分成印度、巴基斯坦和孟加拉国三国，国家内部各个地区的整合程度也相对有限。

清朝尽管后期面对西方列强也出现不断割地赔款的事情，尽管遭受了太平天国运动的猛烈冲击，其仍然维护住了基本的版图格局。对比之下，这不得不说是一件值得"诧异"的事情。其实，不管是前期和中期对版图的经营，还是后期对疆域的维护，清朝靠的并非只有武力，甚至主要不是武力，而是那种似乎与生俱来的"统合"之力。

美国汉学家、蒙古学家欧文·拉铁摩尔（Owen Lattimore，1900—1989）等边疆史地学家谈到中国时指出，起自东北的政权往往具有更开阔的视野和更灵活的政治手段。[1]这就要说到"过渡地带"的问题。

在400毫米等降水量线两边，有一个半农半牧的区域，就属

---

1 参见张志强：《超越民族主义："多元一体"的清代中国——对"新清史"的回应"》，《文化纵横》2016年第2期。

于农牧业的过渡地带。长城沿线有一个狭长的地带，也属于这样的区域。此外，还有一个更大的过渡地带，就是东北。东北北边连通着呼伦贝尔大草原，南边则是在长城以外但经常接受中原王朝统治的辽东宜农区。而在河流密布、湖泊众多的大兴安岭，则生活着以渔猎为主的许多民族。东北的东侧，还连通着大海和朝鲜半岛。[1] 耕地、草原、森林、海洋等汇聚一处，构成拉铁摩尔等人所说的"更开阔的视野"；农耕、游牧、渔猎、海洋等不同生活方式的民族在相互打交道的过程中，也容易发育出"更灵活的政治手段"。与作为其前辈的金朝相比，清朝吸取其亡国之教训而做到了"后出转精"，故能统合更广；与纯粹来自草原的元朝相比，清朝更懂得不同的族群及其文明如何交融，故能享国更长。这种来自复杂的过渡地带的统合智慧，最终有机会在更广阔的天地中驰骋施展，统合出一个更宽广、更紧密的中华民族共同体。

对今天影响深远的"大中国"格局，由元朝启其端，明朝承其绪，而清朝集大成。在这个前后六百多年的漫长历史进程中，中国的疆域版图逐渐拓展，对各地区的行政治理逐渐优化，对边疆的治理也日益深化，各民族之间的经济文化联系日益密切，而中国也始终维持着自己的地区影响力。由清朝逐渐凝固下来的"大中国"的成果，成为现代中国的"基本盘"。

---

[1] 参见施展：《枢纽：3000年的中国》，广西师范大学出版社2018年版，第69—77页。

结语

一

中华文明之所以能够持续五千多年没有断流，靠的绝非历史之幸运与偶然。

比如，面对大洪水，西方人选择躲进诺亚方舟，靠神灵的力量渡过劫难。而在中国，大禹站出来说：水淹上来了，谁都逃不掉，来，咱们各个部族放下成见，团结一致，靠人的力量，一起把洪水疏导好。疏导完洪水，留下一个不同部族相互合作的机制，于是第一个王朝夏朝得以出现。

比如，在神秘莫测的大自然面前，殷商选择战战兢兢地侍奉皇天上帝和祖先鬼魂，勉强获得对自然界的"把握感"。然而，太重视鬼神，就会忽视百姓的生活，忽视其他部族的感受。鬼神也会求索无度，殷商甚至成批杀掉活人祭祀鬼神。殷商晚期，纣王荒淫无度，却仍自信能得上帝护佑，中华文明面临鬼神笼罩的威胁。这个时候，来自西部边陲的周武王领着一帮人打败殷商。

周人站出来说，就算是皇天上帝，也会青睐那些替百姓着想的执政者，来，咱们一起走出神权的迷雾！周人认为，相比于鬼神，民众的真实生活才更加重要。于是，上帝和鬼神慢慢退隐，民众的生活被纳入执政者的视野之中。

比如，殷商的时候实行横向主导的继承原则，哥哥死了由弟弟继承君主的位置，却总是在换代的时候带来君位的争夺。这使得中华文明面临政治秩序频繁动荡的威胁。这个时候，新取得天下的周人站出来说，看来横向原则不靠谱，来，咱们改成纵向原则试试。于是，周人采用父亲死了儿子继位的方式，并且由正妻的长子优先继承。这实际上是把君位传承在一定程度上诉诸客观要素，避免人为的干扰。为了保障传承有序，周人还开发出宗法制和封建制，用礼乐文明整合社会秩序，实现了具有央地关系的大型国家的初步建构。

比如，春秋战国时期的列国混战带来巨大的人道主义灾难，而周天子早已丧失约束诸侯、提供秩序的能力，中华文明面临普遍的武力的威胁。这个时候，孔子、墨子、老子、韩非子等人站出来说，这乱哄哄的局面糟透了，来，咱们一起想办法结束乱世！于是，他们埋头苦读、殚精竭虑地面对现实苦苦思索，寻求重归统一的道路。最终，法家指导位居西部边陲的秦国，索性用最大化的武力终结了普遍的武力，建立第一个大一统的郡县制帝国，取代此前容易导致混乱的封建制。

比如，法家虽然让秦国富国强兵、统一天下，但过于强调理性而忽略了情感，强调大共同体而忽略了小共同体。于是，秦朝二世而亡，中华文明面临在实现"可大"后无法实现"可久"的挑战。这个时候，汉朝的董仲舒站出来说，光靠法家是不行的，靠道家也不能长治久安，来，咱们还是一起把孔夫子请出来吧！于是，汉朝把儒家学说作为治国理政的指导思想，让基于小共同体的情感去逐步浸润大共同体，让"大一统"在刚性且冰冷的制度笼罩下，获得基于文化的韧性和温度。儒家和法家相互配合，造就出一种传承两千多年的政治"超稳定结构"。

比如，汉朝中期以来豪族兴起，逐渐削弱了大一统国家的向心力，军阀割据使得中原战乱四起，北方少数民族南下不断建立多个政权。中华文明面临政治上长时期大分裂的巨大威胁。这个时候，南方门阀士族已经失去锐意进取的勇气，来自北方的少数民族站出来，对北方世家大族说，胡汉本一家，来，咱们联合起来，一起再造中华一统！于是，他们与当地汉人相互交往交流交融，共同担纲"大一统"的重任，最终建立隋唐。这不仅结束了将近四百年的分裂局面，而且开创了更加恢弘的中华文明格局，至今留在中国人对于盛世的记忆深处。

比如，隋唐重建大一统格局之后，豪族的势力依然尾大不掉。

如果任由这种情况持续下去,很可能重蹈长时期大分裂的覆辙。于是,中华文明在政治上仍然面临地方利益集团离心力的巨大威胁。这个时候,隋唐的中央政府站出来说,既然察举制和九品官人法导致豪族长期垄断政治权力,来,咱们一起把人才选拔制度给改了!于是,科举制度应运而生并不断完善,一改此前主要外在的主观评价举荐人才的做法,让豪族、寒族和平民子弟都有机会通过参加客观的考试获得向上流动的机会,最终瓦解了豪族对于政治权力的垄断。于是,中国从宋代开始逐渐进入平民社会,并形成"士大夫与君主共治天下"的贤能政治传统。

比如,在魏晋南北朝大分裂的时代,由印度传来的佛教,经过历代高僧大德的不懈努力,逐渐实现本土化的发展,用彼岸世界慰藉了乱世中饱受苦难折磨的人们。然而,佛教内在的虚无主义倾向,却使得中华文明注重现世生活的根本价值面临被消解的危险。这个时候,韩愈、周敦颐、程颢、程颐、张载、朱熹等人站出来说,佛教道理讲得好,来,咱们好好学人家,一起把儒家的道理讲得更好!于是,他们发起儒学复兴运动,在学习佛教的基础上,激活儒家内在的心性论传统,发展出宋明理学,为现世生活奠定了坚实的哲学根基,还为新兴的平民社会提供了再组织的途径。

比如,16世纪以来,随着新大陆的发现,现代世界体系得以形成，而中国的商品经济也在这个历史进程中获得高度的发展。于是，大量农民离开土地进入城市工商业，变成欲望膨胀的孤立个体，中华文明面临如何应对商品经济对人心全面冲击的全新课题。这个时候，王阳明站出来说，商品经济并不可怕，可怕的是人们丧失"良知"，来，咱们一起寻找"良知"！于是，他创立阳明心学，让人们在金钱面前找到回归心灵家园的道路。阳明心学还让儒学向士农工商全面敞开，不再成为知识精英的专利。

比如，两宋长期与辽、金、西夏并立，政治上的长期分隔，与隋唐所造就的民族大融合的底色并不相符。这个时候，合农耕与游牧之优长的中华文明，面临不同民族政权在政治上各自割据的挑战。这个时候，来自漠北草原、具有全新组织方式和战斗能力的蒙古民族站出来说，道理不用多讲了，来，咱们一起先用血气和蛮力来解决这个问题吧！于是，在各个民族的竞争中，蒙古民族最终完成统一的重任，使得中华文明正式迈入"大中国"时代。继起的明清，继续维护和深化了"大中国"的格局。

比如，在西方主导的现代民族国家格局形成之际，中国却陷入明朝末年的混乱。各种政治力量纷纷建立割据政权，极其容易让虎视眈眈的西方殖民者分别瓜分，并通过条约体系固化分裂的态势，最终让各个地区都沦为列强的殖民地。这个时候，中华文明面临被西方列强全面殖民的危险。这个时候，来自"过渡地带"

的清朝站出来说，我们最擅长搞"统合"，来，咱们一起把中国重新统一起来。于是，极具统合经验与智慧的清朝，几乎在各个方向上都捍卫了中国领土和疆域的完整，客观上抓住了难得的"窗口期"，为现代中国奠定了版图基础。

……

不必再多举例，仅仅是上述这些略带"漫画"性质的描述，已经能让我们感受到中国这个超大规模文明型国家一路走来的艰辛历史足迹。

二

五千年的风和雨，背后是多少挑战！一山过后一山拦，路上有多少艰辛！每当这个文明面临挑战和危机，总有一些先行者率先敏锐地感知到文明共同体的呼救，于是向人群大声喊道："来，咱们一起！"正如中国国歌所唱的那样："中华民族到了最危险的时候，每个人都被迫着发出最后的吼声。"于是，先觉者引领后觉者，万众一心向前进。

中华文明能够"活"下来，靠的哪里是幸运和偶然，靠的是不断应对挑战、寻找解决方案的集体意志、决心和能力，是一种无与伦比的"中国韧性"。

这种"中国韧性",意味着超强的抗压力。压力可能来自神灵、武力、利益、族群以及其他文明等,中华文明都一一扛过去了,并且延续着自身的精神气质。

这种"中国韧性",意味着极大的包容性。面对挑战,中华文明能够学习"外来者"的优长,不仅与其"和而不同",而且能够"化外为内",获得"新"的积极要素,实现自身的成长与丰富;对于此前占据核心地位、但已然不能担负历史使命的"前行者",那些通常来自边缘但代表历史方向的"后来者"也不会将其完全否定,而是充分尊重并保留"前行者"最初作为积极力量时的合理性,从而保留"旧"的合理成分。包容"外来者",使得中华文明能够突破空间限制而变得博大;包容"前行者",使得中华文明能够突破时间冲刷而实现延续。中华文明博大精深、源远流长,奥秘就在"亦新亦旧"之间。

这种"中国韧性",意味着务实的灵活度。面对问题,中华文明并不主张从僵化的抽象原则出发,而是从具体的活的现实出发,实事求是地寻找解决方案。

和信仰神灵的一些文明不同,中华文明注重学习天地。天地而不是神灵,才是中华文明中最大的存在者。《周易》讲"天行健,君子以自强不息""地势坤,君子以厚德载物"。天的四时运行自然有序,从不因其他原因而改变;地能容纳一切,让万物都能栖居在自己上面。中华文明强调，人是能与作为最大存在的天地并列为三的，因此人要"顶天立地"，在充分发挥自己的主观能动性的前提下去"法天则地"：从天那里学习"做自己"的毅力，造就出超强的抗压力；从地那里学习"在一起"的智慧，造就出极大的包容性。而人间的现实世界，不同于完美的彼岸世界和理念世界，是变动不居而非静止不动的。它虽然不完美，但是于人是可亲、可为的。因此，要想解决问题，必须以一个变动的现实世界为前提，而不是从世界之外去看世界；必须依靠人自身的力量和智慧，而不是神灵或别的外在要素。"人本"与"处变"造就了中华文明务实的灵活度。作为中华文明的基本经典，《周易》有"三易"的说法，就是要人直面一个"变易"的世界，去寻找"不易"的因素，最终找到"简易"的方法，来解决各种问题。而解决问题的目的，并非为了荣耀人之外的神灵，或简单满足人当下的物质欲望，而是实现个体与共同体的、有尊严和品质的生存与延续。这正是《周易》讲"天地之大德曰生"的意义所在。"生生不息"正是"中国韧性"的集中表达。

不仅如此，在延续自身命脉的过程中，中华文明还为世界做出了实实在在的贡献。不必进行全面的列举，只看看技术发明方面——毕竟这是推动世界文明进步的重要因素。研究中国古代科技史的西方学者李约瑟（Joseph Terence Montgomery

Needham，1900—1995），曾授权其同事罗伯特·坦普尔（Robert K. G. Temple，1945— ）从《中国科学技术史》中抽取了部分内容撰写了一本普及型读物《中国的创造精神——中国的100个世界第一》。坦普尔在书中承认"'现代世界'赖以建立的种种基本发明和发现，可能有一半以上源于中国"。[1] 必须肯定，在人类改造自然能力还比较弱小的时候，中华文明靠着大一统体制，凝聚了集体的力量，推动了技术的进步和扩散，为西方工业革命提供了足够的技术积累。

三

应当坦诚承认的是，在中华文明的重大贡献之下，当人类技术积累发展到更加倚赖个体创造力的时候，到后期专制色彩日益加深的中华文明却缺乏推动技术变革的内生性力量，而西方在"大分裂"的拼图格局下逼出的"契约精神"有效保护了个体的创造力，像接力赛一样继续推动了技术的进步。[2] 契约精神还促进了西方的海外殖民活动，为工业生产提供了广阔的原材料产地和市场空间。

---

[1] [英]R. 坦普尔：《中国的创造精神——中国的100个世界第一》，陈养正译，人民教育出版社2002年版，第7页。

[2] 参见刘哲昕：《精英与平民：中国人的民主生活》，法律出版社2014年版，第12—23页。

工业化释放出来的经济活力,加上现代民族国家体制提供的高度组织动员能力和财政汲取能力,使西方获得对包括中国在内的世界其他地区的显著比较优势。

几百年的此消彼长之后,中西文明一旦正面交手,前者便陷入所谓"三千年未有之大变局"。究其实质,是先进的西方工商业文明对中华农牧业文明的"降维打击"。于是,中华文明风雨飘摇,中国面临四分五裂的危险。

值得庆幸但也不必奇怪的是,"中国韧性"再一次迸发出巨大的能量。

李鸿章、张之洞等洋务派站出来说,中国之所以老吃败仗,是因为西方船坚炮利。来,咱们一起学西方的机器和枪炮吧!于是,洋务运动轰轰烈烈。但是,在中日甲午战争中,洋务派搞起来的北洋水师,被此前人们视为蕞尔小国的日本打得丢盔弃甲。面对巨大的失败,康有为、梁启超等维新派站出来说,光靠搞工业、造武器是没用的,病根在中国制度不如西方,来,咱们一起把制度改掉吧!于是,他们搞戊戌变法,学习西方的制度,但被顽固派迅速剿灭。后来,立宪派倒是搞了一些制度改革,但依然于事无补。没过多久,革命派站出来说,看来只有推翻顽固的大清朝,中国才有救,来,咱们一起搞革命!通过辛亥革命,清朝真的被推翻了,但是革命派搞的共和政治,最终被军阀玩弄于股掌之中。

军阀混战之下，内忧外患不减反增。这个时候，陈独秀、李大钊、胡适等人站出来说，搞共和搞出军阀政治，还搞出两次皇权复辟，根子在愚昧专制的旧文化的影响，来，咱们一起倡导新文化！于是，他们开始向西方学习科学与民主。

当此之际，俄国十月革命的成功经验，让中国的先进知识分子看到马克思列宁主义的现实力量。这种"在西方的反西方""在资本主义的反资本主义"的重要学说，为中华民族抗击西方帝国主义的挑战提供了思想指引。孙中山（1866—1925）看准了变局之下最根本的问题，就是"四万万人一盘散沙"。于是他试图学习苏俄，走"以党建国"的新路，靠具有高度纪律性和组织性的政党，把中国社会重新凝聚起来。但是，由于忽视阶级立场的问题，继起的蒋介石（1887—1975）最终倒向帝国主义和大地主大资产阶级，使得国民党依然无法完成整合"一盘散沙"的任务。在民族危机深重的历史时刻，中国共产党应运而生。中国共产党以列宁主义的建党原则加强自身组织，把马列主义的普遍原理和中国具体实际相结合，长期深耕中国基层社会，最终把"一盘散沙"的民众转变为充分整合的"人民"，获得了最广泛的支持。在以毛泽东为核心的第一代中央领导集体的带领下，经过二十八年艰苦卓绝的奋斗，历经土地革命、抗日战争和解放战争，中国共产党最终领导中国人民建立新中国，在四分五裂的危险中维护了"大中国"的格局，在西方文明的全方位挑战中重建中华文明。通过"前三十年"和"后四十年"的努力，中国在中国共产党的领导下，立足中华文明的家国本位，学习西方文明的优秀成果，迅速完成了工业化的进程，取得改革和建设的巨大成就，实现了中华文明在现代工商业文明条件下的升级换代。

回顾近代以来的历史可以发现，面对"三千年未有之大变局"带来的全方位危机，一代又一代的中国先进分子不断寻求中华民族的出路。前行者虽然失败，但后来者在其探索的成果上继续前行，叠加累积，最终找到一条符合中国国情的救亡和发展之路、民族复兴之路。

这正是中华文明固有的"韧性"在近代以来的鲜活体现。

四

当前，世界正经历"百年未有之大变局"。

早在 2017 年 12 月，中国国家主席习近平就对世界局势做出过这个大的判断。2020 年 7 月，面对新冠肺炎疫情对整个世界的全局性影响，他深刻地指出："世界正经历百年未有之大变局，新冠肺炎疫情全球大流行使这个大变局加速演变，两者深刻交织，不稳定不确定因素明显增多,今后一个时期我们将面对更为复杂多变的外部环境。"[1]

"百年未有之大变局"本质上是对"三千年未有之大变局"的一种"反转"与"超越"。随着以中国为代表的一大批新兴国家开始成为知识、技术、信息的生产源和传播源,延续几个世纪的"大西洋时代"已经演变为大西洋和太平洋"两洋"并举并重的新时代。长期以来发达国家"治人"、发展中国家"治于人"的全球治理格局也出现了新的变化趋向。尤其是伴随中国特色社会主义的不断发展完善和一些转轨国家在制度上的不断探索,世界范围的思想、观念、制度、模式也呈现出日益多元的格局。[2]

面对新的变局,当代中国需要如何作为?

一方面,中国需要更好地"做自己",对内铸牢中华民族共同体意识。

在西方,长时间的分裂导致战乱频繁,现世的生活总容易被打破,人们转而寄希望于彼岸的天国,宗教成为动荡不安的人们的避难所。相比之下,对中国人而言,历史上动辄两三百年的"大一统"带来的和平红利,可以跨越好几代人的生命周期,很多人

---

[1] 《习近平在亚洲基础设施投资银行第五届理事会年会视频会议开幕式上致辞》(2020年7月28日),《人民日报》2020年7月29日,第1版。
[2] 罗建波:《从全局高度理解和把握世界百年未有之大变局》,《学习时报》2019年6月7日,第2版。

甚至一生不知道战争是怎么回事。因此，现世的家国，足以为人们的生活提供最基本的依靠，也成为中国人最底层的信仰。家是生命的纵向传承，国则是生命的横向互助。[1]对于当代的中国人而言，需要以中华文明的"家国情怀"为根柢，铸牢中华民族共同体意识。

另一方面，中国需要更好地与各个国家和民族"在一起"，推动构建人类命运共同体。

目前，全球发展失衡现象严重，收入分配不平等、发展空间不平衡，数字鸿沟、公平赤字问题凸显。而全球气候变暖、环境污染以及传染病大流行等问题，更是人类面临的共同挑战。人类的历史告诉我们，共同体是应对挑战的有效组织形态，因此挑战的广度和烈度影响着共同体的规模和形态。当前，世界各国需要加强全方位的协作，才能使人类凝成一个整体去战胜共同面临的挑战。

那么，靠谁去推动跨国层面的协作？靠谁去推动人类命运共同体的建构？

历史学家阿诺德·约瑟夫·汤因比（Arnold Joseph Toynbee，1889—1975）曾说：

---

[1] 参见刘哲昕：《我们为什么自信》，学习出版社2018年版，第150—159页。

> 过去五百年间,在经济和技术方面而且一定程度上在文化方面,把全世界统一成为一个整体了。然而在罗马帝国解体后,西方本身或在世界其他地区,都没有实现过政治上的统一。不仅如此,西方对政治上的影响是使世界分裂。……罗马帝国解体后,西方的政治传统是民族主义的,而不是世界主义的。[1]

如何克服这个问题?汤因比从古老的中华文明中看到希望:

> 就中国人来说,几千年来,比世界任何民族都成功地把几亿民众,从政治文化上团结起来。他们显示出这种在政治、文化上统一的本领,具有无与伦比的成功经验。[2]

全面继承中华文明传统的中国共产党,给自己定下的历史使命,不仅有"为人民谋幸福,为民族谋复兴",还有"为世界谋大同"。当传统民族国家治理秩序难以为全球治理结构提供有效的制度供给,中国提出推动构建人类命运共同体,就是要为寻求全球层面的公共性做出中国贡献。

这意味着,近代以来饱受列强欺凌的中华民族,一方面要通过民族复兴的伟业,在世界上挺直腰杆,恢复自信,另一方面

---

[1] [日]池田大作、[英]阿·汤因比:《展望21世纪》,荀春生、朱继征、陈国良译,国际文化出版公司1997年版,第278页。

[2] 同上,第283—284页。

还要超越爱恨、以德报怨，承担一个文明型大国对人类共同命运的深沉担当。在这个过程中，基于自身古老的文明传统，中国绝不会像某些西方旧有大国所担心的那样，走以往大国崛起、谋求霸权的老路，更不会对世界和平构成威胁，反而是要以自身特有的"中国韧性"——集抗压力、包容性和灵活度于一炉的文明特质——在全球规模的挑战之下，站出来对各个文明勇敢地说：

来，咱们一起，寻找一条战胜挑战、和谐共生的新路！

主要参考文献

（一）著作

[1] 波音. 草与禾：中华文明 4000 年融合史. 北京：中信出版集团，2019.

[2] 陈寅恪. 陈寅恪集·金明馆丛稿二编. 北京：生活·读书·新知三联书店，2001.

[3] 韩毓海. 龙兴：五千年的长征. 北京：中信出版集团，2019.

[4] 李泽厚. 论语今读. 北京：生活·读书·新知三联书店，2008.

[5] 刘守刚. 中国财政史十六讲：基于财政政治学的历史重撰. 上海：复旦大学出版社，2017.

[6] 刘哲昕. 精英与平民：中国人的民主生活. 北京：法律出版社，2014.

[7] 刘哲昕. 文明与法治：寻找一条通向未来的路. 北京：法律出版社，2014.

[8] 刘哲昕. 我们为什么自信. 北京：学习出版社，2018.

[9] 马汝珩，马大正主编. 清代的边疆政策. 北京：中国社会科学出版社，1994.

[10] 瞿林东主编，刘家和，易宁等著. 历史文化认同与中国统一多民族国家（第五卷）. 石家庄：河北人民出版社，2013.

[11] 施展. 枢纽：3000 年的中国. 桂林：广西师范大学出版社，2018.

[12] 苏力. 大国宪制：历史中国的制度构成. 北京大学出版社，2018.

[13] 许宏. 何以中国. 北京：生活·读书·新知三联书店，2016.

[14] 许倬云. 万古江河：中国历史文化的转折与开展. 长沙：湖南人民出版社，2017.

[15] 许倬云. 中西文明的对照. 杭州：浙江人民出版社，2016.

[16] 张宏杰. 简读中国史. 长沙：岳麓书社，2019.

[17] 张文木. 气候变迁与中华国运. 北京：海洋出版社，2018.

[18] 郑也夫. 神似祖先. 北京：中国青年出版社，2009.

[19] [德] 贡德·弗兰克. 白银资本：重视经济全球化中的东方. 刘北成译. 北京：中央编译出版社，2008.

[20] [法] 伏尔泰. 哲学辞典. 王燕生译. 北京：商务印书馆，1991.

[21] [加] 贝淡宁. 贤能政治. 吴万伟译. 北京：中信出版集团，2016.

[22] [美] 费正清. 伟大的中国革命. 刘尊棋译. 北京：世界知识出版社，1999.

[23] [日] 池田大作，[英] 阿·汤因比. 展望21世纪. 荀春生，朱继征，陈国良译. 北京：国际文化出版公司，1997.

[24] [日] 高木智见. 先秦社会与思想：试论中国文化的核心. 何晓毅译. 上海：上海古籍出版社，2011.

[25] [日] 杉山正明. 忽必烈的挑战：蒙古帝国与世界历史的大转向. 周俊宇译. 北京：社会科学文献出版社，2013.

[26] [意]利玛窦，[比]金尼阁.利玛窦中国札记（上册），何高济，王遵仲，李申译.北京：商务印书馆，中国旅游出版社，2017.

[27] [英]R.坦普尔.中国的创造精神——中国的100个世界第一.陈养正译.北京：人民教育出版社，2002.

[28] [英]弗雷泽.金枝.徐育新，汪培基，张泽石译.北京：中国民间文艺出版社，1987.

（二）论文

[1] 葛亮.一百二十年来甲骨文材料的初步统计.汉字汉语研究，2019(4).

[2] 何炳棣.国史上的"大事因缘"解谜——从重建秦墨史实入手.光明日报，2010-06-03(10).

[3] 李伟.中国文明的形成：从满天星斗到多元一体——专访探源工程负责人之一、北京大学考古文博学院院长赵辉.三联生活周刊，2012(40).

[4] 罗建波.从全局高度理解和把握世界百年未有之大变局.学习时报，2019-06-07(2).

[5] 潘岳在中华文明与中国道路学术论坛致辞：中国道路的世界意义.中国网，2019-11-01(http://cppcc.china.com.cn/2019/11/01/content_75363520.htm).

[6] 田余庆.中国古代史上的国家统一问题.载国家图书馆编.大国价值.北京:国家图书馆出版社,2017.

[7] 新京报.废除科举百年,我们要省思什么.基础教育参考,2005(10).

[8] 张帆.元朝开启了"大中国"时代.澎湃新闻,2015-06-14(https://www.thepaper.cn/newsDetail_forward_1341436).

[9] 张维为.中国:一个文明型国家的崛起.光明日报,2014-03-24(15).

[10] 张志强."良知"的发现是具有文明史意义的事件——"晚明"时代、中国的"近代"与阳明学的文化理想.文化纵横,2017(4).

[11] 张志强.超越民族主义:"多元一体"的清代中国——对"新清史"的回应".文化纵横,2016(2).

[12] 张志强:应以怎样的态度认识中国.观察者网,2014-02-16(https://www.guancha.cn/ZhangZhiQiang/2014_02_16_206255.shtml).

[13] 章毅.理学社会化与元代徽州宗族观念的兴起.载常建华主编.中国社会历史评论(第9卷).天津古籍出版社,2008.

[14] 赵汀阳.中国:一个内含天下的国家.搜狐网,2017-03-15(https://www.sohu.com/a/128922722_120776).

[15] [加]贝淡宁:世界该正视中国式贤能政治.领导文萃,2017(6).

[16] [美]弗朗西斯·福山.没有放之世界皆正确的政治制度.红旗文稿,2015(9).

[17] [日]内藤湖南.概括的唐宋时代观.载刘俊文主编.日本学者研究中国史论著选译.北京:中华书局,1992.

后 记

20世纪80年代初,我出生在中国四川大山里的一户农民家庭,父母一度在温饱线上挣扎。得益于中国改革开放以来经济发展和社会进步的整体红利,我的家庭生活日益改善;在这个曾经诞生科举制度的古老国度,出生于农家的我,有机会凭借自己的天赋和努力,通过高考考入一所门槛极高的大学,并且在中国最顶尖的大学中攻读硕士和博士学位。我的同学、同事和朋友中,和我有相似经历的人并不少见。我知道,直到今天,在这个世界上,不是每个地方的农家子弟都能获得这样的机会。每每想到这一点,我都深感庆幸,对中华文明心存温情与敬意。

同样让我庆幸的是,我在读博期间有机会系统学习和研究中华文化,毕业后有机会来到中华文化学院工作,迄今已度过近八年的教书时光。我的学员来自五湖四海,不同领域。我经常面对不同宗教的成员——汉传佛教的和尚与尼姑、藏传佛教的喇嘛、道教的道士与道姑、天主教的神父与修女、基督教的牧师、伊斯兰教的阿訇等——坐在同一个课堂的情形,并向他们分享中华文明的根本精神。我也时常需要切换讲课的语言风格,以便更有效地面对政府官员、知名学者、民营企业家或自由职业者等不同群体。我经常与来自香港、澳门或台湾的朋友一起探讨中华文明的当代价值。我也有一些机会面对来自海外的朋友，用不太熟练的英语口语，展现中华文明的历史底蕴。这样的工作状态一度让我的身体感到疲惫，但内心却享受着挑战带来的新奇感。

我知道，我的个人挑战在目前世界所面临的共同挑战面前，不值一提。这些共同挑战的解决之道，是汲取世界各大文明的养分及优秀基因，相互组合配对，生成战胜共同挑战的"武器库"。我庆幸我们身处的这个全球化、高科技的时代为这一想法提供了有利保障。如果看完这本书，您对中华文明的优秀基因有所体认，并且愿意思考"组合配对"的问题，那说明我还算干了一件有点儿意义的事。

感谢中华文化学院领导对本书出版的统筹协调与大力支持；感谢新世界出版社李晨曦、李莎莎、孔德芳三位编辑和译者为本书出版付出的大量劳动；感谢我的妻子李星儒女士和女儿李和羲小朋友让我的身心有一个停靠的港湾；更该感谢此刻正在阅读这些文字的您。

李勇刚

2021 年 5 月 4 日

中国·北京·中华文化学院